はじめに

東京都社会福祉協議会 児童部会
自立支援コーディネーター委員会 委員長
今井城学園 施設長 小田川 広明

　2004年の児童福祉法改正により、入所児童の自立支援と施設退所後の相談援助が児童養護施設の主たる目的となりました。

　東京都においては2011年に児童養護施設等退所者へのアンケート調査の結果報告がされ、改めて自立支援とアフターケアのより一層の充実が求められてきました。

　そして、東京都では2012年「自立支援強化事業」の実施に伴い、自立支援コーディネーターが配置されました。以降、今日まで各施設の自立支援コーディネーターが学習会や研修会への参加、地域ごとに集まり研究活動をするブロック活動を定期的に行ってまいりました。これらの活動と実践を通して、施設間での情報共有や外部支援団体とのネットワーク形成が広く行われ、支援の標準化に向けた取り組みがなされてきました。

　また、制度や奨学金及び各種支援団体の充実・協力も子どもたちの自立支援に大きな力となってきています。

　このたび、自立支援コーディネーターの配置から6年が経過し、これまでの取り組みを実践報告集としてまとめることとなりました。

　この実践報告集をとおし、これまでの達成点と課題を整理し、多くの子どもたちのより良い育ちを支える仕組みがより一層充実することを期待します。

　本書には、自立支援コーディネーターが実践の振り返りに基づき作成したツールがいくつか掲載されています。本書の目的は児童養護施設における自立支援の標準化でもあります。子どもは入所する施設を選ぶことはできません。措置された施設で受けられる支援に差があれば、それは早急に見直しをしなくてはいけません。実践に基づき得られた技術を共有することで支援の底上げができることを望みます。本書を手にしてくださった方が、そのツールを実践の資料として活用して頂ければ幸いです。

❀ ❀ ❀ ❀ 目　　次 ❀ ❀ ❀ ❀

はじめに　　　　自立支援コーディネーター委員会 委員長　小田川　広明

目　次

第1章　自立支援コーディネーター配置までの経過
（1）東京都・自立支援強化事業成立の背景　子供の家 施設長　早川　悟司…………2
（2）自立支援強化事業開始に向けた取り組み
　　　　　　　　　東京都福祉保健局少子社会対策部育成支援課…………7

第2章　自立支援コーディネーターとは
（1）自立支援強化事業の概要 東京都福祉保健局少子社会対策部育成支援課………12
（2）自立支援コーディネーターグループの位置づけ …………………………14
（3）自立支援コーディネーターグループの取り組み …………………………16
　　　　　資料1　自立支援コーディネーターアンケートを受けて………………20

第3章　自立の概念について ……………………………………………………34

第4章　実践報告
（1）自立支援計画書への助言及び進行管理
　■1 子どもの意向を反映させる自立支援計画書　　　2・3ブロック………41
　　　　　資料2　自立支援計画書事前聴き取りシート（案）………………46
　■2 社会的自立に向けたチェックシートへの取り組み　4・5ブロック………50
　　　　　資料3　自立に向けたチェックシート 高校生版 ……………………56
　　　　　資料4　自立に向けたチェックシート 小学生① ……………………66
（2）生活支援
　■3 職場体験について　　　　　　　　　　クリスマス・ヴィレッジ………68
　■4 自活訓練（体験）の有用性について　　　　　　　聖ヨゼフホーム………70
　■5 基礎学力をつけるための学習支援　　　　　　　　　　聖友学園………72
　■6 セカンドステップの実践　　　　　　　　　　　赤十字子供の家………74
（3）進路支援
　■7 施設内進路支援体制について　　　　　　　　　　広尾フレンズ………76
　■8 高校生会について　　　　　　　　　　　　　　東京家庭学校………78
　■9 高校卒業後の上位校進学への支援　　　　　　　　　まつば園………80
　■10 奨学金ハンドブック作成にあたって　　　　　　　1ブロック………82
　　　　　資料5　奨学金ハンドブック…………………………………83
（4）学校・就職先との連携
　■11 高校中退から再入学へ　　　　　　　　　　　伊豆長岡学園………94

12 知的障害児の施設からの就労自立に向けた支援　　武蔵野児童学園………96
13 特別な支援を必要とする子どもへの就労支援　　東京都片瀬学園………98
14 特別支援学校卒業後の障害者サービス受給に関する関係機関連携

二葉むさしが丘学園……100

（5）高校卒業後の生活場所の保障
15 進学する子どもの措置延長の積極的活用　　調布学園……104
16 退所後の住居の確保について　　朝陽学園……106
17 自立援助ホームとの連携　　生長の家神の国寮……108
18 通勤寮との連携　　救世軍世光寮……110
19 自立支援棟の取り組み　　共生会希望の家……112

（6）社会資源の活用
20 児童養護施設での社会資源の活用　　砂町友愛園養護部……114
21 ボランティアとの連携　　共生会希望の家……116
22 「NPO法人芸術家と子どもたち」のワークショップ

二葉むさしが丘学園……118
23 共同プログラムの企画・開催　　1ブロック……120

（7）アフターケア
24 退所者支援計画書の取り組み　　若草寮……122
　　　資料6　アフターケア計画書…………………………………124
25 アフターケア費用規定　　広尾フレンズ……128
26 退所者の交流の場　　2・3ブロック……130
27 退所者からの声　　2・3ブロック……134
28 多摩ユースサロン（仮称）の設立に向けて　　6ブロック……137

（8）その他
29 自立支援委員会の設立　　クリスマス・ヴィレッジ……144
30 ファシリテーション技法の有効性　　2・3ブロック……146

今後の展望 ……………………………………………………149

おわりに ……………………………………………………151

本書について

○第4章「実践報告」については、2016年度末までに執筆された原稿をもとに作成しています。

○東京都社会福祉協議会児童部会の組織変更に伴い、2017年度より「リービングケア委員会」が「自立支援コーディネーター委員会」として再編されておりますが、本書においては、執筆時の時点での委員会名を記載しています。

○用語の表記について、本書では「子ども」と統一していますが、東京都では「子供」と表記しているため、一部、混在しているところがあります。

○表紙や挿絵には、児童養護施設にいる子どもたちが描いた絵を使用しています。

第1章

自立支援コーディネーター配置までの経過

（1）東京都・自立支援強化事業成立の背景

子供の家 施設長　早川　悟司

≪はじめに≫

　2017年4月に改正児童福祉法が施行され、これに伴って22歳までの支援継続等、自立支援に関わる制度拡充が進められつつあります。一方で、同じく8月には「新しい社会的養育ビジョン」[1]が国から示され、社会的養護体系の根本的見直しも議論されています。戦後から長らく放擲されてきたこの業界が、大きな転換期にあるのは明らかです。

　とはいえ、従来の施策は余りにも脆弱であり、施設退所者の多くが若年・低学歴での社会的自立を強いられてきました。結果として、非常に不安定な生活を余儀なくされる退所者は後をたちません。これらを抜本的に改善し、平均的な家庭からの自立と遜色のないものにするには、一層の制度改善と実践の向上が欠かせません。

　東京都では、自立支援に関しても全国に先駆けた取り組み[2]が少なからず見られます。自立支援強化事業はその中心ともいうべきもので、今後の全国展開へ向けての発信が大きく期待されます。本報告書は、その端緒となるべきものです。本稿では、自立支援に関わる変遷を改めて概観し、現在の到達点を確認します。

1　旧来の「社会的自立」

　戦後の社会的養護は長らく、子ども期を慈恵的かつ限定的に保護することに終始してきました。義務教育を終えると、18歳未満であっても高校に進学しない、あるいは中退した児童に対しては保護が打ち切られるという慣習は、今も払拭しきれていません[3]。

　後述するように、法的には子どもが18歳に達するまでは須らく保護・支援の対象です。必要に応じて20歳に達するまでこれを継続できるとされていますが、実情とはかけ離れています。低学歴で社会適応能力が未熟な子どもほど早期の「社会的自立」を強いられているのが、この業界の最大の矛盾です。

　こうした退所者等の多くは、犯罪、ホームレス、性風俗業への従事といった不安定な状況下での生活を余儀なくされています。その上、「意欲がない」「物事を安易に考える」、「目先の利益にとらわれる」等と、まるで退所者自身の責任として語られることが多々あります。

　こうして篩（ふるい）からこぼされた子ども達をあつめ、その自立に向け尽力してきたのが自立援助ホームです[4]。東京都では1984年、国では1997年より制度化され、現在では社会的養護の一類型ともいわれています[5]。しかし、措置費（運営費および児童の生活等にかかる事業費）は児童養護施設の水準におよばず、運営・支援の両面に課題があります。

　社会的養護の在り方が継続して見直される大きな契機となったのが、1994年の国連・児童の権利に関する条約への批准です。国が批准した条約は、憲法と並ぶ最高法規としての効力を持ちます[6]。この中で、就労・就学の有無を問わず18歳未満の全ての者が「児

童」と定義されています（第１条）。また、家庭環境を奪われた子どもの代替的養護について、子どもの権利と国の責務が明示されています（第20条）。前述した、18歳未満で強要される「自立」は直ちに弾劾されるべきです。

② 「格差」と「標準化」

　子ども達がどのようなかたちで「社会的自立」を迎えるのかは、その後の永い人生に甚大な影響を及ぼします。これについて、少なくとも４つの「格差」を課題として捉える必要があると考えています。それが「一般との格差」、「地域間格差」、「施設間格差」、「施設内格差」です。

　児童養護施設等で生活する子どもには、施設の入所自体も、どの施設へ入所するかも、どのような職員に担当されるかも選択することが保障されていません。社会的養護は、措置制度（行政処分）で運営されています。これに鑑みても、たまたま入所した施設や担当職員の方針・価値観・力量等によって受けられる支援に格差が生じることは看過できません。

　とりわけ、義務教育修了後の支援において著しい格差が見られます。ある施設では、中学を卒業して公立の高校へ入学できない、あるいは入学しても適応できずに中退すれば、その時点で「社会的自立」が迫られます。一方で、ある施設では私立高校も含めて全ての子どもに高校就学が保障され、例え何らかの理由で中退に至ったとしても転校等によって再就学の途が確保されています。高校卒業後の上位校進学の機会も、ほぼ０％から100％に近い格差があります。この頃に受ける支援の格差は、人生の可能性の格差に他なりません。

　こうした格差を、解消・緩和する作業を筆者は「標準化」と呼んでいます。「標準化」とは、支援の結果を均一化・同一化するものではありません。用いる理念・方法・技術・情報等を支援者間で共有することにより、「アタリ・ハズレ」の「ハズレ」をなくす作業を指しています。

　そのために格差が生じる要因を分析し、標準化の手立てを講じることが必要です。特定の施設や個人を称賛したり批判したりすることで、事態は解決しません。国の責務である社会的養護については、国および私たち関係者の責任において対応すべきです。そのためには、個々の施設や職員の資質を問う以上に、制度や仕組を考えることが肝要です。

　そのための足掛かりとして、かつて筆者は児童養護施設からの大学等進学支援の標準化について検討しました[7]。その結論として、最も有効と考えられた手立てが自立支援を専門に担う職員の配置です。この専門職が名ばかりでなく機能を発揮するために、以下５つの要件を挙げました。

　①「独立性」：ケアワーカーのローテーション勤務から離れ、独立した勤務体系のもとで施設内外の実態を俯瞰する。施設内格差を埋めるために不可欠である。
　②「資　質」：ソーシャルワークの理念・原則に関する一定の知見や経験値が求められる。
　③「方　針」：専門職間で支援の方針・目的を共有する。
　④「組織化」：専門職が各職場で孤立・埋没するのを防ぐために、これらを組織化すべきである。
　⑤「指　導」：組織化された専門職に対して、共通の研修・スーパーバイズ機能を確立する。

❸ 自立支援強化事業の成立

東京都では1998年から自立支援指導員が民間児童養護施設に、1999年から自立支援スタッフが都立児童養護施設に配置されました。とはいえ、こと自立支援指導員に関しては、配置は非常勤で業務内容は全く明示されないなど、まさに名ばかりの配置でした。2002年からは全施設常勤配置へと改められ、自立支援計画書の策定管理が求められました。とはいえ施設内の位置付けや業務内容については相変わらず不明確で、一部の職員が独自の取組を体系化した他は形骸化が進みました。

一方で、自立支援スタッフは各施設内での位置付け（職位）が明確で、定例的に会合を持って情報や技術を共有するなど、機能の高まりがみられました。しかし、相次ぐ都立施設の民間移譲により同職の配置は減少し、衰退が否めません。

筆者を含め業界関係者は、国や東京都に繰り返し自立支援を担う専門職の配置制度化と業務確立を求めてきました。2011年7月には「社会的養護の課題と将来像」[8]において、これが今後の課題に取り上げられました。また、同年8月には東京都が「東京都における児童養護施設等退所者へのアンケート調査報告書」[9]を公表し、施設退所者の不安定な生活状況が明らかにされました。これらを契機に、東京都が2012年度予算に単独事業として計上したのが「自立支援強化事業」です。

予算の確定からわずか3か月足らずの間に、急ピッチで事業開始の準備が進められました。2012年4月には、都内59施設中37施設で「自立支援コーディネーター」の配置がなされ、現在へと至っています。先に挙げた5つの要件も、課題はありつつも形づくられています。

≪おわりに≫

自立支援強化事業同様の取り組みが、国においても継続して検討されてきました。しかし、現時点では都道府県および政令市に1か所の支援拠点の創設が制度化されるに留まっています[10]。一方で各自治体や施設の中で、独自の取組を模索する動きが顕在化しています[11]。各地域での支援拠点と、各施設の専門職が協働しながら発展することが、今後目指すべき道だと考えています。

子どもの「自己責任」を問うことなく、一人ひとりの可能性を最大限に探っていくために－。関係諸氏の活躍に期待すると共に、自らの役割を引き続き模索します。

〈主な制度等の動向〉（「東京都で」と表記したもの以外は国によるもの）

1947年　児童福祉法　制定
1950年　東京都で高校進学支援制度が開始
1951年　児童憲章　制定
1965年　東京都で「町田君の寄託金による措置児童大学進学支度金」を実施、翌年から大学修学支度金として予算化
1973年　高校教育を保障する「特別育成費」制度化　東京都は独自制度を再構築、私立高校の保護単価を設定
1974年　東京都で定時制高校入学支度金が制度化（中卒措置解除時）
1977年　東京都で各種学校支度金を実施（定額・1987年より実費）
1984年　東京都で自立援助ホーム制度開始
1987年　東京都で私立高校の学納金全額実費支弁が開始
1989年　「特別育成費」の支弁対象に私立高校が加えられる
　　　　国連・子どもの権利条約　採択
1990年　同条約　発行
1994年　同条約　日本が批准（158番目）
1997年　児童福祉法第41条改正　児童養護施設の目的に「自立支援」が明記
　　　　児童自立生活援助事業（自立援助ホーム）法制度化
1998年　児童自立支援計画の策定義務づけ
　　　　『児童自立支援ハンドブック』（厚生省児童家庭局家庭福祉課）発行
　　　　東京都で民間施設に自立支援指導員が配置（非常勤）
1999年　東京都で自立援助スタッフ（後に、自立支援スタッフ）配置
　　　　東京都で『子どもの権利ノート』を作成・配布
　　　　東京都社会福祉協議会児童部会リービングケア委員会が発足
2000年　苦情解決の仕組導入・実施等の義務化
　　　　「児童虐待の防止等に関する法律」施行
2004年　児童福祉法第41条改正　児童養護施設の目的に「退所後の相談・援助」が明記
　　　　家庭支援専門相談員の配置
2006年　大学進学等自立生活支度費が制度化
2009年　厚生労働省雇用均等・児童家庭局家庭福祉課　同社会・援護局障害福祉部障害福祉課「被措置児童等虐待対応ガイドライン　～都道府県・児童相談所設置市向け～」
2011年　社会保障審議会児童部会社会的養護専門委員会「社会的養護の課題と将来像」
　　　　東京都福祉保健局「東京都における児童養護施設等退所者へのアンケート調査報告書」
　　　　厚生労働省雇用均等・児童家庭局長通知「児童養護施設等及び里親等の措置延長等について」
2012年　東京都で児童養護施設に自立支援コーディネーターを配置
2013年　東京都で自立援助ホームにジョブトレーナーを配置

2015年	職員配置の改善　児童・職員比最大4：1
2016年	自立支援貸付事業開始　家庭支援専門相談員の複数配置
2017年	児童福祉法改正　自立援助ホームで大学生22歳年度末までの支援
	児童養護施設で22歳年度末までの継続支援
	社会的養護自立支援事業（都道府県・政令市での支援拠点）
	文部科学省・給付型奨学金の創設
	東京都で児童養護施設に自立支援コーディネーターを実績に応じて複数配置
	東京都社会福祉協議会児童部会リービングケア委員会が同・自立支援コーディネーター委員会に再編

註

1) 新たな社会的養育の在り方に関する検討会　2017年8月2日

2) 年表に主な項目を記載

3) 厚生労働省雇用均等・児童家庭局長通知「児童養護施設等及び里親等の措置延長等について」2011年12月28日　参照

4) 1958年に長谷場夏雄は、当時の養護施設で義務教育終了に伴い「自立」を強いられた子どもの「アフターケアセンター（現・自立援助ホーム）」を東京都豊島区ではじめた。1967年には財部実美・広岡知彦らが「アフターケアホーム・憩いの家」を東京都世田谷区に開設した。更に遡れば1953年の「神奈川県立霞台青年寮」が同様の実践の端緒と考えられる。

5) 国は社会的養護の定義を「子どもを守るべき保護者が子どもを守ることが難しい状況になったときに、子どもを公の責任の下で保護する仕組み」、「措置制度により、都道府県の事業として行われている」（社会保障審議会児童部会社会的養護専門委員会）としている。一方で、措置制度ではない自立援助ホームと母子生活支援施設を社会的養護の類型に挙げるという自己矛盾がある。

6) 日本国憲法　第98条・第2項「日本国が締結した条約及び確立された国際法規は、これを誠実に遵守することを必要とする」
条約法に関するウィーン条約（1981年批准）第26条「効力を有するすべての条約は、当事国を拘束し、当事国は、これらの条約を誠実に履行しなければならない」

7) 早川悟司「児童養護施設における高校卒業後の進学支援　－支援標準化の視点から－」2007年度　日本福祉大学大学院修士論文

8) 児童養護施設等の社会的養護の課題に関する検討委員会・社会保障審議会児童部会社会的養護専門委員会「社会的養護の課題と将来像」2011年7月

9) 東京都福祉保健局「東京都における児童養護施設等退所者へのアンケート調査報告書」2011年8月

10) 社会的養護自立支援事業。初年の2017年は、全都道府県および政令市に各1か所の計69箇所分が予算化された。

11) 山形県、神奈川県、栃木県、名古屋市等で独自の事業化が見られる。

（2）自立支援強化事業開始に向けた取り組み

東京都福祉保健局少子社会対策部育成支援課

1 自立支援強化事業（以下「事業」という）実施に至る背景

　東京都では、児童養護施設を退所した児童の自立に対して、国の措置費や民間社会福祉施設サービス推進費補助（児童養護施設）等において支援を実施していました。

　一方、自立支援強化事業を実施する以前から児童養護施設においては、虐待を受けた児童の割合が年々増加しており、職員は入所中の児童の対応に追われ、退所児童の支援にまで十分に手が回らない状態にありました。

　そのような中、より施設退所者の自立に向けた支援が充実したものとなるよう、2011年8月に児童養護施設などの退所者を対象に実態調査を行い、退所後の生活や入所中の施設からの支援実績の把握に努めました。

2 児童養護施設等の退所児童の実態調査（2011年度）

（1）目的

　児童養護施設等の退所児童のうち就労自活や大学等に進学した児童について、退所前後や現在（調査当時）、どのような生活上、就労上の課題を抱えているか等を把握し、支援課題を明らかにしたうえで、自立支援策検討の一助とする。

（2）対象者

　児童養護施設等の退所児童で、①中学・高校を卒業後に就労自活した者、②高校等を中退した者、③専門学校や大学等への進学を機に施設を退所した者で、退所後1年目・3年目・5年目・10年目の児童。

【対象施設等：児童養護施設、自立援助ホーム、児童自立支援施設、養育家庭】

（3）調査内容

　①基本情報　②施設入所中の状況　③施設退所前後の状況
　④施設退所後の職歴・学歴の状況　⑤現在（調査当時）の生活・就労状況　等

3 事業実施以前の自立支援に向けた具体的な取組と実態調査の結果からみえた課題

（1）自立に向けた準備

＜それまでの取組＞
　○　自立支援マニュアル（職員向け）、ハンドブック（児童向け）の作成・活用
　　　※児童部会リービングケア委員会で作成

<実態調査結果（関連事項）>
　「施設入所中に身に付いたと思うもの」という質問に対し、「掃除・洗濯」「基本的生活習慣」などが多く見られた。一方、「健康保険・年金」などの社会に出てから必要となる手続きに関することは少数であった。
<実態調査を踏まえた課題等>
　対応に苦慮する子どもが増える一方で、施設によって自立支援に向けた取組の差が大きく、支援の標準化・施設職員の資質向上が必要であると思われる結果となった。

（2）進学への支援と卒業までの支援

<それまでの取組>
　○　措置費
　　　・大学進学等自立生活支度金　・学習塾費（中学生のみ）　・就職支度金加算
　○　再チャレンジホーム（平成21年度からモデル実施）
　　　中学校卒業若しくは高校を中退した措置児童、または就職し措置解除されたが、その後離職した児童に対して、再び高校に就学できるよう、進路指導・学習指導・生活指導等を行う。
　○　児童養護施設退所者等の就業支援事業
　　　児童養護施設等の退所者等に対して、就職活動支援、職場開拓、就職後の職場訪問等を行い、退所後の自立を支援する。
<実態調査結果（関連事項）>
　○　児童の最終学歴が総体的に低い結果となった。
　○　回答者の約半数が、「高校・大学等に再度進学したい」と考えたことがあると回答していた。
　○　就職児童のうち、正規雇用の割合が低い結果であった。
　○　退所後に就いた仕事の期間について、全体の約4割が1年未満であった。
<実態調査を踏まえた課題等>
　○　アンケートで高校等に再度進学したいと回答した割合が高かったが、再チャレンジホームの実績は伸び悩んでおり、必要な支援が行き届いていないと考えられる結果となった。
　○　退所者の就業支援をする上で、児童の自己肯定感の低さや、コミュニケーション能力の低さなどが課題として見受けられた。
　○　職員等についても、就業支援のノウハウを持っていないことや、就職活動の経験の少なさ、就職に関する知識の少なさなどが課題として見受けられた。

（3）施設などを退所した後のフォロー

<それまでの取組>
　○　民間社会福祉施設サービス推進費（児童養護施設）
　　　・アフターケア加算
　　　　　職場・家庭への訪問、来所児童・家族等への相談援助
　　　　　電話による児童・家族への相談援助、家族等の周辺環境調整
　　　　　※退所後3年までに限定

<実態調査結果（関連事項）>
- ○ 「施設退所後にまず困ったことは」という質問に対して「孤独感、孤立感」「生活費」などの回答が多数を占めていた。
- ○ 「困っているときの支えとなっているのは」という質問に対して「施設職員」という回答が多く、一方で、「親」や「親戚」には支えを期待できない人が多く、「誰にも相談しなかった」という回答も多数見受けられた。

<実態調査を踏まえた課題等>
- ○ 被虐待児童の増加により、入所児童のケアに追われ、退所者に対するケアに手が回っていない実態が明らかになった。
- ○ サービス推進費のアフターケア加算だけでは、担当職員の配置等にかかる十分な支援とはなっていない実態が見受けられた。

❹ 自立支援強化事業実施にむけて

2011年度実施の児童養護施設等の退所児童の実態調査により、上記のような課題が浮き彫りになり、特にアフターケアに関する項目の中で「施設退所後に困ったこと」として、「孤独感」や「孤立感」、「金銭管理」や「職場での人間関係」などという回答が多く見られたことから、相談相手として施設職員に寄せる期待が大きいことなどが改めて明らかになりました。

施設入所者の入所中の自立に向けたサポート、社会に出た後の支えとなれるよう、国に先行して2012年４月より、自立支援強化事業を開始し、児童養護施設における自立支援コーディネーターの配置を支援することとしました。

❺ 児童養護施設等退所児童に対する自立支援に関する制度等の変遷

（１）児童養護施設等退所児童に対する自立支援に係る制度等の経緯

2004年　６月　「少子化社会対策大綱」（国）の策定
　　　　　　　○少子化の流れを変えるための３つの視点の１つとして「若者の自立が難しくなっている状況を変えていく」という項目があげられる。
　　　　10月　「児童虐待防止法」改正
　　　　　　　○児童虐待を受けた児童の自立の支援に至るまで、国及び地方公共団体の責務があることが明記された。
2005年　１月　「児童福祉法」改正
　　　　　　　○社会的養護を必要とする子供への支援の強化が図られた。
　　　　　　　・要保護児童対策地域協議会の設置

・児童福祉施設、自立援助ホームにおけるアフターケアの役割を明確化

（2）東京都児童福祉審議会での検討経過

2005年　6月　「少子社会の進展と子どもたちの自立支援　―世代を超えて共に育ち合う都市をめざして―」を提言
　　　　　　　○現代社会における子供たちの自立とは何か、自立を育むための環境整備、ライフステージに応じた自立支援について。

2014年 10月　「社会的養護の新たな展開に向けて　―家庭的養護・地域化の推進と切れ目のない支援―」を提言（自立支援含まれる）
　　　　　　　○施設退所後の継続した自立生活に対する支援について。

第2章

自立支援コーディネーター とは

（1）自立支援強化事業の概要

東京都福祉保健局少子社会対策部育成支援課

❶ 目　的

児童養護施設に入所している児童の自立に向けた施設入所中の支援や施設退所後のアフターケアを手厚く行える体制を整備し、社会的養護の下で育つ子供の自立を図る。

❷ 自立支援強化事業の概要

（1）自立支援コーディネーターの役割

以下の取組を通じた組織的な自立支援体制の構築・推進を図る（施設における自立支援のマネジメント）。

①自立支援計画作成への助言及び進行管理

・ケア職員と心理職員や家庭支援専門相談員等の専門職員が、それぞれの見地から作成した計画をもとに、自立支援コーディネーターが総合的見地により支援を体系化する。

・各職員が作成する日々の記録を確認し、自立支援計画に基づいた支援が行われるよう管理し、適宜、助言を行う。

②児童の学習・進学支援、就労支援等に関する社会資源との連携、他施設や関係機関との連携

・学習ボランティア等の募集、希望児童とのコーディネートを行う。

・専門性の高い民間団体のプログラムについて情報収集・活用を行う。

・進学、就労に際しての奨学金制度について、情報収集、書類不備等の確認を行う。

・学校、就職先、関係機関との連携に関し、施設内外の支援会議等へ参加する。

・自立支援コーディネーター委員会等を活用し、各種ボランティア等の情報を収集し、積極的に活用する。

③高校中退者など個別対応が必要な児童に対する生活支援、再進学又は就労支援

・編入、転学可能な高校、チャレンジスクール等の情報を収集し、施設内で共有する。

④施設退所者に関する継続的な状況把握及び援助（アフターケア）

（2）自立支援コーディネーターの要件

①児童養護施設又は自立援助ホームにおいて、養育・支援に５年以上従事した者であること。

②ケア職員等とは別の専任職員であること（ユニットの勤務ローテーションに入ることはできない）。

③都が指定する研修を受講すること。

③ 自立支援強化のイメージ

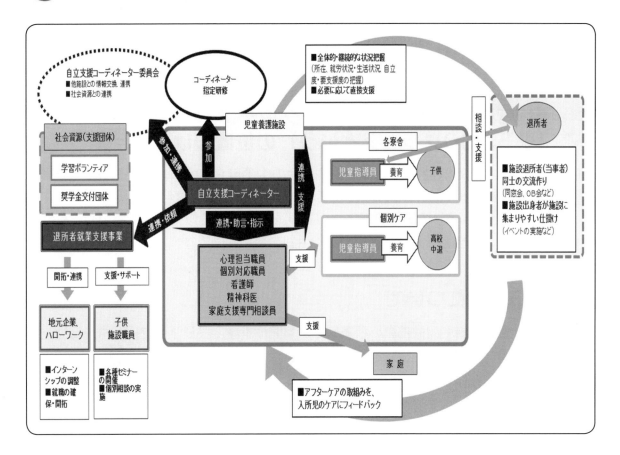

（2）自立支援コーディネーターグループの位置づけ

1 自立支援コーディネーターグループ（以下、COグループという）の位置づけ

COグループは東京都社会福祉協議会児童部会の中の自立支援コーディネーター委員会（以下、CO委員会という）の中に所属しています。CO委員会は自立支援コーディネーター（以下、COという）のみが参加するCOグループと、CO以外の施設職員や支援団体も参加することのできる学習会と2本の柱で活動を進めています。

2 ブロックについて

東京都社会福祉協議会児童部会に所属している児童養護施設及び自立援助ホームは、概ね地域ごとに6つのブロックに分かれています。

都外施設については6つのブロックには所属してはいませんが、自立支援コーディネーターの活動においては、1ブロックまたは2・3ブロックに所属しています。

ブロックによって施設数にばらつきがあるため、施設数の少ない2ブロックと3ブロック、4ブロックと5ブロックについては合同で活動することとし、下記のように4つのブロックに分かれて活動をしています。

❸ COグループにおける、各ブロックの所属施設

［1ブロック］
　　（新宿区・北区・板橋区・練馬区・足立区・葛飾区・文京区）

　　あけの星学園・星美ホーム・まつば園・西台こども館・錦華学院
　　暁星学園・クリスマスヴィレッジ・共生会希望の家
　　興望館沓掛学荘・筑波愛児園・東京都石神井学園・東京都船形学園・東京都勝山学園

［2・3ブロック］
　　（目黒区・大田区・渋谷区・品川区・世田谷区・品川区・町田市）

　　目黒若葉寮・救世軍機恵子寮・聖フランシスコ子供寮・広尾フレンズ・若草寮・福音寮
　　東京育成園・品川景徳学園・バット博士記念ホーム・精舎児童学園・松風荘
　　伊豆長岡学園・東京都八街学園・東京都片瀬学園

［4・5ブロック］
　　（中野区・杉並区・武蔵野市・三鷹市・調布市・小平市・西東京市・国分寺市・東久留米市）

　　愛児の家・杉並学園・東京家庭学校・聖友学園・救世軍世光寮・東京都小山児童学園
　　カリタスの園小百合の寮・赤十字子供の家・朝陽学園・調布学園・二葉学園
　　第二調布学園・二葉むさしが丘学園・東京サレジオ学園・聖ヨゼフホーム

［6ブロック］
　　（八王子市・日野市・立川市・青梅市・昭島市・国立市・東大和市・清瀬市・福生市）

　　武蔵野児童学園・こどものうち八栄寮・エスオーエスこどもの村・至誠大空の家
　　至誠学園・至誠大地の家・砂町友愛園養護部・東京恵明学園児童部・今井城学園
　　双葉園・生長の家神の国寮・れんげ学園・ベトレヘム学園・子供の家

（3）自立支援コーディネーターグループの取り組み

≪はじめに≫

　2012年、東京都において自立支援強化事業が開始され、児童養護施設に新たに「自立支援コーディネーター」という職種が誕生しました。開始当初36施設だったCO配置施設数は、2013年度には49施設、2014年度は52施設、2015年度は53施設、2016年度には56施設となっています。まだ全配置には至っていませんが、2017年度からは複数配置が可能となりました。

　開始当初はCO配置の必要性を感じつつも、実際にどんな業務をすればいいのか、多くの施設が戸惑いを抱えていました。2012年５月には児童部会内のリービングケア委員会（以下LC委員会とする）が主催し、CO学習交流会を行い、自立支援指導員としてこれまで自立支援を行ってきていた５つの施設の取り組みを学ぶ機会を設けました。その後、専門職集団としてのグループ化の必要性を感じ、LC委員会として、３回のCO分科会を開催しました。

　前年度の取り組みを受け、2013年にはLC委員会の傘下組織として、COグループが創設されました。その独自性は保証されながらも常にLC委員会と連携していくことを前提に、LC委員会が開催される日の午前中に隔月で行う全体会と、地区ごとに４つのブロックに分かれたブロック活動の２本立てで取り組みを進めてきました。

① COグループの目的

（1）自立支援の標準化

　CO間で理念・技術・情報・資源・ツールを共有し、施設内及び施設間の支援の標準化を目指す。

（2）ネットワークの形成

　CO同士および支援団体や関係機関等との間でのネットワーク形成を図り、これらの連携によって支援基盤を整備・強化する。

（3）ソーシャルアクション

　自立支援にかかわる課題を明確にし、施設や業界を代表して行政や社会への発信・啓発を行う。

② 参加対象

①CO、職業指導員および事務局担当者

②CO実施検討施設担当職員

③行政担当者および議題に応じて招聘する関係者等

③ 取り組み経過

　2013年度にCOグループが発足した当初は、COが配置されてまだ2年目ということもあり、1人部署でもあるため、それぞれが迷い、悩みを抱えながら業務を進めている状況がありました。手探りで業務を行っている中で、多くのCOが、「他の施設のCOは具体的にどのような働き方をしているのか？」「COとしてどんな業務内容を行っていったらいいのか？」という疑問を抱えていました。そのため、COグループとしては、まずは全体会の中でCO同士が顔見知りになり声を掛け合える関係性をつくること、それと同時に、近くの施設同士で協力し合ったり、小グループで集まれる場としてブロック活動を推進してきました。また、「COの業務内容に関するアンケート」を行い、CO業務の具体的な内容について共有するとともに、そのアンケートの結果をもとに、年度末には「COの業務の確立に向けて」をテーマに、各ブロックの活動報告を行いました。

　2014年度以降も全体会とブロック活動の2本柱での取り組みを継続し、ブロックごとに施設見学を行ったり、共通で利用できる自立支援に関わるツールや書式の作成に取り組んだりと、研究活動を深めています。

④ 活動内容

（1）全体会

　隔月で実施している全体会では、活動計画・活動報告の確認、ブロック活動の共有、情勢に応じた学習会、政策提言に繋げる取り組み、ブロックを超えてのテーマを決めたグループディスカッション等を行っています。

　また、全体会には毎回、東京都育成支援課の担当者にも参加していただいています。

（2）ブロック活動

　児童部会の地区ごとのブロックを基本に、1ブロック、2・3ブロック、4・5ブロック、6ブロックの4つに分かれて活動を行っています。ブロックの活動はそれぞれの主体性に任されており、活動の頻度は6〜10回とばらつきがあります。それぞれの児童養護施設を順番に会場にして各施設の取り組みを学び合ったり、関係機関の施設見学や懇談会の実施、施設共同プログラムの作成等、内容は多岐にわたっていますが、毎年テーマを決めながら研究活動を進めています。

（3）報告会

　2月には各ブロック活動の報告会を開催し、1年間の取り組みの成果報告を行っています。これまで、CO以外の方にはあまり参加していただくことができていませんでした

が、2017年度からはCO委員会の定例学習会として位置づけ、他職種の職員や支援機関の方も含め、COグループの取り組みについて広く周知する機会の1つとなっています。

【2013年度 テーマ】

1ブロック	退所後の相談・援助
2・3ブロック	施設内での業務 ～職域の確立について～
4・5ブロック	COの業務内容についてのアンケートに関する概要調査
6ブロック	自立支援計画書式の改訂 ～本人参加とポジティブプランニングによる実効性のある計画策定活用へ～

【2014年度 テーマ】

1ブロック	COが機能するための職場環境
2・3ブロック	話し合いにおける自立支援コーディネーターの役割
4・5ブロック	自立の定義と指標
6ブロック	支援団体等との連携

【2015年度 テーマ】

1ブロック	COが機能し、取り組みを実現するために
2・3ブロック	子どもの意向を反映させる自立支援計画書
4・5ブロック	アセスメントツールの更なる発展と自立支援計画書への反映
6ブロック	高校3年生児童の進路保障 ～年間スケジュールの作成～

【2016年度 テーマ】

1ブロック	COが機能し、取り組みを実現するために
2・3ブロック	アフターケアの取り組みと課題
4・5ブロック	自立に向けたチェックリスト 幼児・小学生版の作成
6ブロック	多摩ユースサロン（仮）の実施に向けて

【2017年度 テーマ】

1ブロック	COが機能するための職場環境
2・3ブロック	アフターケア実施状況調査の報告
4・5ブロック	自立に向けたチェックシートの作成と活用
6ブロック	司法との連携

≪今後に向けて≫

　2016年3月～4月にかけて行ったCOアンケート（資料1）では、COの業務を進める上で特に有効だと思う取り組みについての項目で、殆どのCOが「COグループやLC委員会への参加」が有効であると答えていました。また、CO配置前後の変化については、「情報取得の充実」「他施設との連携の充実」「他機関との連携の充実」が高い数値を示しており、これらはCOグループやLC委員会に参加することで積み重ねられてきたものだと言えます。そして、そのことが顔の見える関係性を築き、支援の拡充やCOのやりがい、孤立感の解消にも繋がっています。

　COグループとしては、COグループの活動とLC委員会への参加を両輪として取り組みを深めていくことが必要であると考えてきましたが、児童部会の再編の流れの中で2016年度をもってLC委員会は名称変更となり、2017年度からは新たに「自立支援コーディネーター委員会」として、これまでのCOグループとLC委員会の活動が一本化されました。名称は変更になりましたが、基本的な活動内容については変わらず、自立支援強化事業を進めるにあたってCOのLC委員会への参加が努力義務になっていたことも踏まえ、CO委員会においてもLC委員会同様、定期的な学習会の開催を継続しています。また、CO委員会という名称になることで、参加者がCOのみに限られてしまうということではなく、COアンケート結果に表れている「情報収集の充実」「他施設との連携の充実」「他機関との連携の充実」といった、LC委員会がこれまで果たしてきた役割についても継承していけるような活動を進めています。

　COグループとして同じ職種の専門職集団で活動を積み重ねてきていることは、CO配置の効果を上げる大きな要因となっており、CO委員会についても同様の役割を果たせるように取り組んでいます。

資料1　自立支援コーディネーター　アンケートを受けて

2016年4月

　2012年度より東京都の単独事業として自立支援強化事業が開始された。当初37施設だった配置数も2015年度には53施設となり、全施設配置には至っていないものの、殆どの施設に自立支援コーディネーター（以下CO）が配置されている。事業開始直後には、多くのCOが施設内での理解を得ることの難しさや、ケアワーカー・他の専門職との連携の難しさに困難を感じていた。5年目を迎える今、COがどのように機能しているか、その効果と課題を明らかにするべく、2016年3月〜4月にかけて全COを対象にアンケートを行った。また、自立支援に関わる専門職の国の制度化も見通して、職業指導員にもアンケートを行っている。

　上記アンケートから見えてきた、自立支援に関わる専門職の今後の在り方について整理し、提案する。

○目的　　　：　今年度、2度目の東京都による退所者調査が行われている。自立支援強化事業は、前回の調査の結果を一つの根拠として事業が開始されており、今回は自立支援強化事業の効果検証の側面もあると思われる。国の制度化も控え注目の高い調査であり、この結果を制度政策に繋げていくチャンスでもある。自立支援コーディネーター配置の効果や課題を明らかにし、制度政策の提言につなげることを目的とする。
○実施機関　：　東京都社会福祉協議会児童部会　自立支援コーディネーターグループ
○調査対象　：　東京都の全児童養護施設（都外施設含む）　自立支援コーディネーター、職業指導員
○調査方法　：　メールによる調査依頼、アンケートの添付
○調査期間　：　2016年3月〜4月

【基本情報】
●働き方について

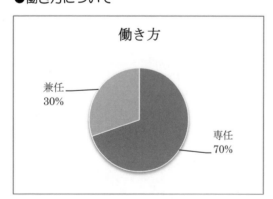

≪兼任している役職について≫
・施設長代行　・副施設長　・主任
・副主任　・養護リーダー　・サブマネージャー

ケアワーカーとの兼務ということではなく、管理職的立場との兼務者が多い。

●COとしての経験年数

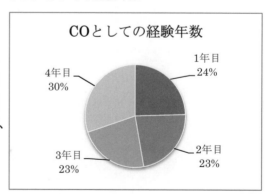

　毎年一定数の入れ替わりがあり、1年目からの継続者は24％と、概ね4分の1ずつの割合になっている。職員定着の問題から、中には毎年担う職員が変わっていて、継続性を保つことが困難な施設もある。

1. 自立支援コーディネーター（以下CO）の働き方について
（1）自立支援を担う職員体制について

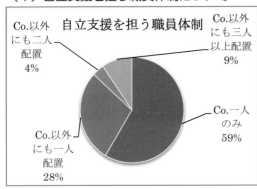

「職員全員が担っている」という答えや、ケアワーカーを数に含めて考えている施設もあったが、今回は「自立支援を主で担っている」という狭義の意味で考え、集計を行った。

41％の施設でCO以外にも自立支援を担う職員が配置されており、自立支援スタッフや職業指導員以外にも、個別対応職員を活用したり、施設独自で自立支援を担う職員を採用している施設もある。

（2）1.（1）で②と答えた施設にお聞きします。どういった職員ですか？

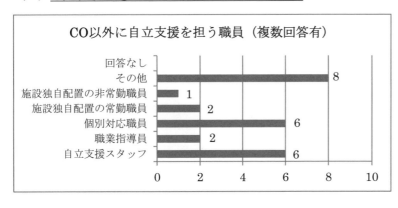

≪その他の職員≫
・施設長　・家庭支援専門相談員
・副主任　・GH支援員
＊今回は狭義の意味で考え、
　職員全員等、ケアワーカーを
　含める回答については除外
＊数字は施設数

（3）1.（1）で②と答えた施設にお聞きします。自立支援に関わる職員を複数配置しているメリットはなんですか？

・男女いることでの性差に応じた対応　　・業務分担ができ、孤立しない
・複数の視点や価値観で検討・対応が可能　・施設内外への発信力の増加
・幅広い支援ができ（1人だけではできないことがある）迅速できめ細やかな支援が可能

（4）どのような形態で自立支援業務を進めていますか？　理由も教えてください。

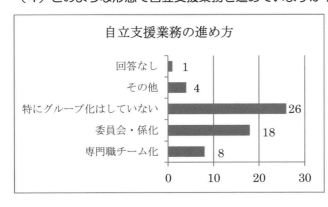

約半数の施設で専門職チームや委員会・係等のグループ化を行っている。自立支援は相談しながらでなければ進められず、ケアワーカーとの連携は欠かせない。グループ化をしていないという施設も、今後グループ化を目指していたり、個々のケースに応じて、ケアワーカーや専門職と連携をしながら業務を進めている。

[理由]

専門職チーム化	・相談しないと決められないことが多い為　・生活支援とは異なる視点も必要
委員会・係化	・ケアワーカーとの連携が必要　　・配置前から係や委員会があった為 ・施設内での支援の標準化、取り組みの周知を行う為
グループ化していない	・ケースによって、他の専門職・ケアワーカーと連携できている為 ・必要性は感じているが組織化には至っていない為　・ケアワーカーが主で担う為
その他	・係だけでは施設規模的に難しい為　・各ユニット会議に専門職・主任が入る為

2．COの業務内容について

（1）COが行っている業務に○を付けてください。（複数選択可）

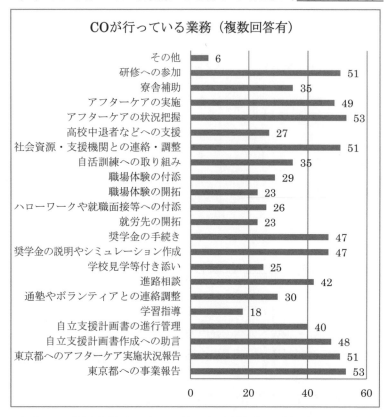

≪その他≫
・地域・学校との協議への参加
・ソーシャルスキルトレーニングの実施
・外部団体やボランティアによる施設内でのプログラム実施管理
・CO同士の情報共有
・法人所有の専用住居の管理など

　東京都への提出書類の作成、自立支援計画書への助言や進行管理、奨学金の説明や手続き、アフターケアの状況把握や実施、支援機関との連絡調整、研修への参加については殆どの施設で行われている。
　業務は多岐に渡っており、コーディネートする役割とはいえ、子どもに直接対応することや付添等で関わることも多い。

（2）CO業務を進める上で、特に有効だと思う取り組みに○を付けてください。（複数選択可）

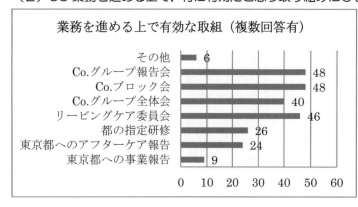

≪その他≫
・企業等からの就労支援相談対応
・社会資源・支援機関との連携
・都外への（全国的な）発信
・育成支援課との懇談

　殆どがリービングケア委員会やCOグループの取組が有効だと感じている。

（3）施設としての自立支援についての考え方は共有されていますか？
・自立・自立支援についての定義

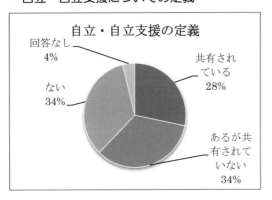

≪その他≫
・事業計画には明記されている

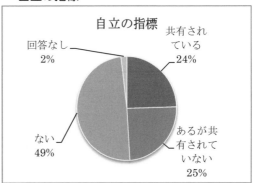

・自立の指標

定義や指標が共有されている施設は3割に満たない。施設として定められていても、それが活用されていない施設も多い。

（4）CO業務を進める上で、大切にしていることはなんですか？
・子ども、ケアワーカー、他の専門職との連携、協働、信頼関係づくり
・子ども、ケアワーカーの思いや意向（とその現実性）の尊重
・在園児童、退所者の利益につなげること　　・定義や指標の明示とプロセスの共有
・退所後も子どもと施設が繋がっていけるような環境づくり　　・ケアワーカーの負担軽減
・あくまでもコーディネートの立場であるという自覚（自己満足にならないようにする）
・支援機関との関わりや情報収集と、それを子どもへの支援への反映させること
・行動力　　・コーディネート力　　・担当職員との役割分担　　・早期対応

（5）今後、新たに取り組んでいきたいと思う業務はなんですか？
・自立支援計画書の充実（策定手順作成、アセスメントシートの活用、児童の意向確認シート利用）
・幼児・小学生への自立支援に向けた支援（自己表現・自己決定の力を育てるプログラム等）
・小学生への学習支援の強化　　・不登校予防　　・自立支援プログラムの充実（自活訓練等）
・自立支援についての定義や考え方の共有、自立支援に関わる委員会等の立ち上げ
・専門職の施設内での位置づけや業務の明確化
・アフターケアの充実（マニュアルの作成、家庭訪問、保護者との関係構築、同窓会、基金の設立）
・社会資源の利用（支援機関・地域資源との関わりの強化、職場体験・就職先の開拓）
・進学支援の充実（学費の工面、奨学金の開拓、進学先の拡充）
・ケアワーカーの負担軽減　　・ケアワーカーと子どもとの関係支援、三者面談
・COついての業務実践報告集の作成　　・CO業務マニュアル作成

3．CO 配置の効果について
（1）CO という職種は所属施設や児童養護界にとって有用だと思いますか？ 理由も教えてください。

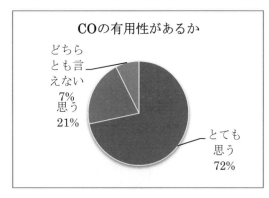

2013 年に CO グループで行ったアンケートでは「とても思う」と答えた人は 46%だったが、今回は 72%に増えている。CO の配置されたことでの効果やその必要性を強く感じている意見が多かった。

また、思わないと答えた CO はいない。「どちらとも言えない」の理由としては、専門職を増やすよりもケアワーカーを増員したほうがいいという意見であった。

[理由]

とても思う 思う	・支援の標準化が進んだ為（施設内、施設間）　　・支援の継続性がつながる為 ・自立支援が充実した為（情報量の増加、社会資源の活用、アフターケアの充実） ・他施設・支援機関と連携が強化した為（リービング・CO グループの参加、窓口化） ・ケアワーカーの負担軽減、手の届かない部分へのフォローができている為 ・個人としてではなく、施設として取り組むことができる為（抱え込みの防止）
どちらとも言えない	・必要なのはケアワーカーであり、専門職ばかりが増えることに疑問を感じる為 ・自身の経験が浅い為

（2）所属施設において、CO を配置したことで自立支援の推進に効果があったと思いますか？

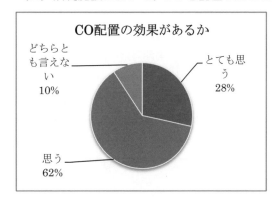

配置の効果については 90%の施設で効果があると感じており、効果がないと感じている CO はいなかった。
効果が上がっていると答えた理由については、3．(1)で有用性を感じている理由と同じことが言えるだろう。実際に所属施設で配置の効果が感じられるからこそ、職種としての有用性を感じているのだと思われる。

（3）3．(2)で④⑤と答えた施設にお聞きします。　効果が上がっていない理由として不足している要件について、上位3つを選び、理由を教えてください。

　⇒該当施設なし

（4）CO の配置が効果を上げるために特に必要だと思う要件について、上位 3 つを選び、理由を教えてください。

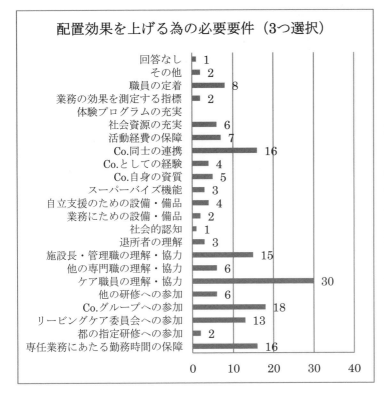

≪その他≫
・専門職のチーム ・全職員の理解

　一番多かったのは「ケア職員の理解」であった。2013年のアンケートでも、困っていることに施設内での理解を得られないと答える施設が多くあった。業務を進める上で、施設長や他の専門職含め、施設内での理解は欠かせない。次に、「COグループへの参加」も多く、リービングケア委員会への参加も含め、CO同士の連携を取ってきたことが配置の効果を上げる為に有効であったと言える。また兼務の場合、十分に機能できないという意見もあり、専任での勤務時間の保障も必要である。

（5）CO配置前と配置後で変化があると感じることはなんですか？（複数選択可）

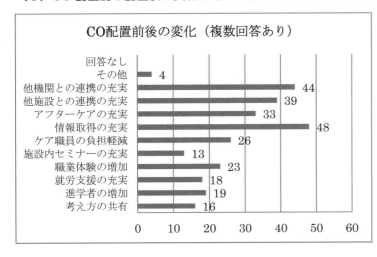

≪その他≫
・施設として自立支援を考える機会の増加
・取り組みの選択肢が増えた

　他施設・他機関との連携の充実により、情報量が増加したことに多くの施設が変化を感じている。またアフターケアや職場体験の充実、ケア職員の負担軽減に繋がっているという実感も持てている。

（6）COを継続して担いたいと思いますか？ 理由も教えてください。

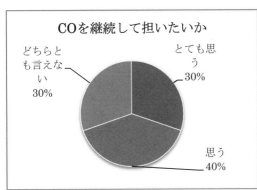

　「とても思う」「思う」が70％を占めており、思わないCOはいなかった。2013年のアンケートと比べると、担いたいと思う人の割合が増えている。それだけ、効果ややりがいを感じるとともに、顔の見える関係性の中で継続性の大切さも感じている。

[理由]

とても思う 思う	・知識・ノウハウの蓄積が必要な業務な為　　・大変だが、やりがいがある為 ・引継ぎに準備が必要なため（マニュアル整備、業務の体系化、より充実させたい） ・アフターケアは長く同じ職員がかかわり続ける必要がある為 ・他施設・他機関と顔の見える関係性が築けてきている為
どちらとも言えない	・他の職員にも経験してもらいたい為　　・ケア職員の業務が好きだから ・兼任は難しい為（専任の配置をしたい）　・自分の力不足を感じている為 ・自立支援は生活支援から切り離して特化して担うことではないと思う為

4．アフターケアについて

（1）施設として、アフターケアについてのマニュアル（規定の明文化）がありますか？

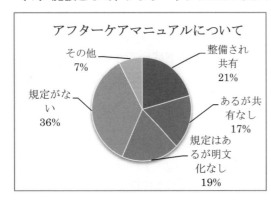

≪その他≫
・事業計画に記載
・援助方法の要綱はあるが、費用については定められていない

マニュアルがない施設や、あっても共有されていない施設が8割近くを占めており、アフターケアについてはあいまいな規定の中で実施されている状況が窺える。

（2）アフターケアにかかる費用の負担はどのようになっていますか？

・職員の交通費

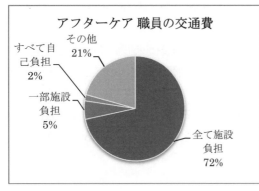

≪一部施設負担≫
・1回 6340円（都外施設）
≪その他≫
・ケースによって相談　　・事前に承認が必要
・規定がない　　・年間予算 2万円以内で使用可能

・退所者の交通費

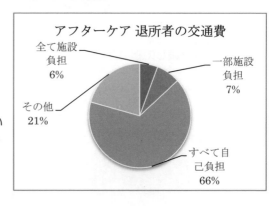

≪一部施設負担≫
・1回 6340円　　・地方からの帰省の場合2万まで
≪その他≫
・ケースによって相談　・事前承認が必要　・規定がない
・請求をすれば出してもらえるが、自己負担が多い
・職員の考え方による　　・年間予算 2万以内で使用可能

・職員の飲食代

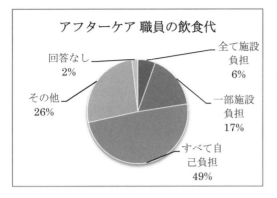

≪一部施設負担≫
- 1回 1000～2000 円程度
 ≪その他≫
- ケースによって相談　・事前承認が必要　・規定がない
- 請求をすれば出してもらえるが、自己負担が多い
- 職員の考え方による　・年間予算 2 万以内で使用可能

≪一部施設負担≫
- 1回 1000～2000 円程度
 ≪その他≫
- ケースによって相談　・事前承認が必要　・規定がない
- 請求をすれば出してもらえるが、自己負担が多い
- 職員の考え方による　・年間予算 2 万以内で使用可能
- 園での食事の提供　・外食は職員が負担することが多い

・退所者の飲食代

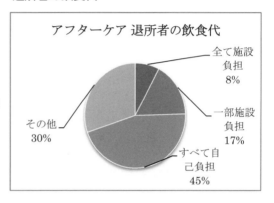

・その他退所者に使えるお金（レク費など）

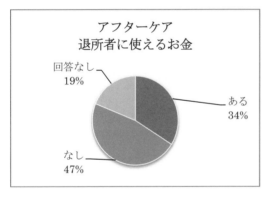

≪ある≫
- 卒園生 1 人につき年間 5000 円予算
- 上限はなく、必要に応じてその都度相談し、施設負担
- 卒退園生の交流会にかかる費用
- 生活に困窮している退所者へ必要に応じて施設の基金から支援
- 成人祝い
- バザー収益から退所者への定期便を送っている

　アフターケアに関わる費用は、職員の交通費については「すべて施設負担」が 72%を占めるものの、それ以外の費用については、どれも「すべて施設負担」は 6～8%と非常に少なく、職員が自己負担で行っている場合が多い。支援の必要な退所者は生活に困窮している場合が多く、施設に来る交通費がなかったり、食費にもゆとりがない。退所者の分もアフターケアを行う職員が負担することも多く、アフターケアを行えば行うほど、職員の金銭的負担も大きくなってしまうことが窺える。

　また、交通費や食費以外にアフターケアに使える費用が「ある」と答えた施設も少なく、卒退園生の交流会の費用は施設で負担していても、個別にアフターケアを行った際のレクリエーションの費用や生活に困窮している退所者に支援できるお金を整備している施設は非常に少ない。深刻な状況に陥っている退所者に対する施設でできる支援はあまりにも足らず、職員の想いと努力に頼るような状況が続いてしまっている。

（3）4.（2）のいずれかの項目で ①②を選んだ施設にお聞きします。 実態として、アフターケアに関わる費用はどれくらい使用されていますか？

・CO がアフターケアした場合

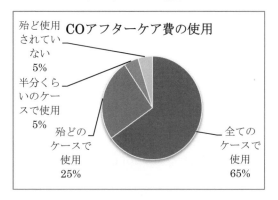

・CO 以外がアフターケアした場合

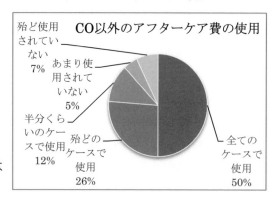

CO と比べて、CO 以外のアフターケア費の使用率は低くなっている。

（4）4.（3）のいずれかの項目で②～⑤を選んだ施設にお聞きします。使用されていないケースがあるのは何故だと思いますか？（複数回答可）

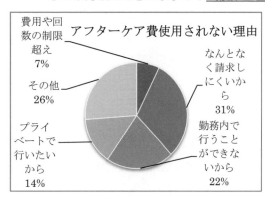

≪その他≫
・規定がない為
・施設のルールとして、個人的に関われない為
・請求手続きが職員判断に任されている為
・退所後3年間しか予算化されてないため
・認めてもらえていない為

（5）アフターケアの実施は勤務で保障されていますか？

・CO がアフターケアする場合

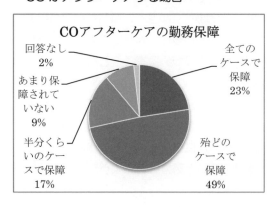

・CO 以外がアフターケアする場合

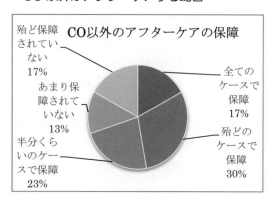

アフターケア費同様、COよりもCO以外の職員の方が勤務保障がしづらい状況にある。理由は下記の4.（6）にある通り、在園児童の対応をしながら勤務内でアフターケアを行うことが時間的に困難なためである。アフターケアは緊急対応や基本勤務時間外の対応を求められることが多いため、勤務の調整ができずに、結果的に勤務外になってしまうケースも多い。勤務外でアフターケアを行うとなると、アフターケア費の保障がされないという施設もあり、やはり職員の負担は大きい。

（6）4.（5）のいずれかの項目で②〜⑤を選んだ施設にお聞きします。勤務で保障されないケースがあるのは何故だと思いますか？（複数回答可）

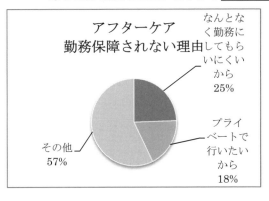

≪その他≫
・勤務内で行うのは時間的に難しい為
　（緊急対応、早朝・夜間・休日対応の調整は困難）
・規定がない為
・基本的に来園してもらうという考えになっている為
・COは比較的調整できるが、ケア職員の調整は困難な為

（7）退所後の生活費や家賃・学費等に対する金銭的支援を行っていますか？

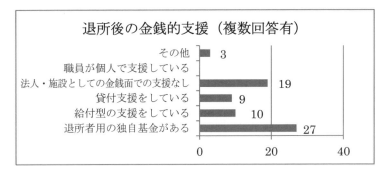

退所後の金銭的支援は、施設によって複数の独自支援方法があるところもあれば、全くないという施設もあり、その内容も施設間格差が大きいことが窺える。どの施設に入っても退所後も同じだけの支援が受けられるシステム作りが必要である。

独自の基金	・進学者の学費全額　・進学・進級祝い金（年に数万）　・進学者への学費や生活費支援 ・進学者へ月3万円　・上限50万支給　・学費や生活費の貸付 ・上限50万の貸付　・生活困窮者への交通費・食費支援　・隣地宿舎の提供 ・児童により支援内容は異なる　・バザーの収益を基金にしている
給付型支援	・寄付金よりケースによって　・5〜20万の一時金　・上限60万　・月3万
貸付支援	・法人よりケースによって　・年間100万（1人50万上限）　・5〜30万の一時金 ・1回3000円　・月6〜15万
その他	・必要に応じて施設内でアルバイトをして給与を出している ・生活困窮者には一時施設で空き部屋を貸している ・有志の職員で毎月1000円を積み立てて、退所者への金銭的援助に使用

5. 自由記述

- 複数体制の必要性を強く感じている、自立担当が2人いても時間が足りない
- アフターケア費用の財源保障が必要
- 支援の標準化を進めたい（ケアワーカーの安定がCOの専任化、支援の標準化につながる）
- 人手と資金不足が切実
- リービングケア委員会、COグループ、研修を通して、顔の見える施設のつながりが必要
- リービングケア委員会を現状の形で残してほしい（研修や他団体との交流はとても有意義）
- CO業務内容の見直し、共有・マニュアル化・効率的を進めたい、COのOJTが必要
- 実践報告集を発信し、更なる充実、全国配置、複数配置への発展に引き続き、取り組んでいきたい
- 他施設のCOの方々と話し、お互いが同じような思いをしていることを共有して励まされた
- 育成支援課の担当者にも丁寧な指導をいただき、なんとかやってこれた
- 施設の子どもへの給付型の奨学金のさらに充実が必要（進学希望者が増えているが、学費不足）
- 施設に入っていない貧困家庭の子どもにも同じように保証されるようになるといい

【職業指導員アンケートより】

　現在、東京都において職業指導員を配置している施設は4施設のみである。そのうち、3施設から回答をいただいた。母数が少ない為あえて集計結果を載せてはいないが、どの施設も職業指導員の有用性や配置の効果が「とてもある」と感じている。うち2施設についてはCOも配置がされており、職業指導員とCOとで、役割分担と協業を行いながら、複数体制で自立支援に取り組んでいる。どちらの施設も、COが配置されたことで職業指導員の推進に効果があったと答えており、複数体制で自立支援を進めることは効果的である。

【まとめ】

　今回のアンケートでは全てのCOから回答を得ることができた。それだけ、CO自身の業務に対する意識や国の制度化に向けての関心は高いと言える。アンケート結果から、CO自身が有用性や配置の効果を感じながら、やりがいをもって業務を進めることができていることが分かった。2013年にCOグループで行った「自立支援コーディネーターの業務内容についてのアンケート」ではCOの有用性を殆どの人が感じている一方で、継続して担いたいと思う人の割合は低かった。意義は感じているのにできないと思っているCOが多く、業務の遂行に不安を感じているCOも多かった。「施設内での理解が得られていない」「連携が取れていない」という意見が複数あり、多くのCOが施設内での理解・連携に困難さを感じていた。今回のアンケートでも、COの配置の効果を上げる必要要件で一番多かったのは「ケア職員の理解」であり、合わせて施設長・管理職、他の専門職の理解の項目も高かった。だたし、現在は理解が得られていなくて困っているというよりは、そこを大切にしながら業務を進めてきて、協業が進められてきていることが見て取れる。

　やりがいを感じる一方で、COの業務は幅広く際限のない業務である。取り組めば取り組むほどに業務量が増えてしまい、現状、取り組みきれていないと感じている人も多い。自立支援を担う職員が複数配置されている施設は4割ほどあり、自立支援スタッフや職業指導員以外でも施設独自で自立支援を担う職員を採用している施設が複数あった。複数配置を行っている施設からは、複数で自立支援業務を進め

ることのメリットと共に、「2名配置されていても足りない」と感じていると記載されている。

　また、業務を進める上で特に有効だと思う取り組みを見ると、「COグループやリービングケア委員会への参加」については、殆どの職員が有効であると感じている。CO配置前後の変化で、「情報取得の充実」「他施設との連携の充実」「他機関との連携の充実」が高い数値を示しており、これらはCOグループやリービングケア委員会に参加することで積み重ねられているものである。そのことが、顔の見える関係性を築き、支援の拡充やCOのやりがいにも繋がっている。

　今回、アフターケアの実態についても合わせて調査を行った。アフターケアについてはマニュアルの整備がされていない施設も多く、規定があっても詳細に決まっていなかったり、請求が職員判断になっている施設もある。すべて施設負担なのは職員の交通費程度で、他は職員が自己負担で行っているケースが多い。とくに、CO以外の職員がアフターケアをする場合には勤務の保障がされない割合が高まり、職員の想いと努力に頼っているような状況が続いている。

　これらのアンケートの結果を踏まえ、以下の点について、改めてCOグループとしても国や東京都、児童部会に対し、働きかけを行っていきたい。

①自立支援に関わる専門職の複数配置

　自立支援に関わる業務は多岐に渡っており、取り組めば取り組むほど業務量は増える傾向にある。職員1人では対応できる幅にも限りが生じてしまい、業務分担もしづらく孤立もしやすい。複数配置がされれば、複数の視点で迅速な幅広い支援が可能であり、性差に応じた対応もできる。自立支援に関わる専門職が国において制度化される際には、COや職業指導員を廃止するのではなく、複数で関われるよう体制強化を行っていただきたい。

②自立支援コーディネーターグループの継続

　COグループに参加することで、他施設との連携が深まったり、CO同士で支えあう関係づくりができている。支援の拡充や孤立感の防止にも繋がっており、同じ職種の専門職集団で活動を積み重ねてきていることが、CO配置の効果を上げる大きな要因になっている。自立支援に関わる専門職が国において制度化される場合には、他の都道府県でも専門職のグループ化を行うことが望ましい。

③リービングケア委員会への参加の継続

　COグループ同様、リービングケア委員会の果たしている役割も大きい。COだけではなく、支援機関の職員とも一緒に学び、話をし、関係づくりを行えていることが、支援の幅の広がりや情報取得の充実に繋がっている。リービングケア委員会への参加が努力義務とされていることで参加もしやすく、毎月研修を積み重ねられていることも非常に有意義である。今年度、リービングケア委員会の見直しが検討されているが、COの業務の推進には現在の形でのリービングケア委員会への参加が必要である。

④アフターケア費用の保障

　自立支援強化事業の開始とともに、サービス推進費のアフターケア加算は廃止されている。アフターケアに関わる事業費は措置費や補助金の中に既に含まれているとされているが、具体的な単価が明確にされていないことで、施設としても規定を定めづらい状況がある。結果としてアフターケアを行う職員の負担となっているケースが多く、児童養護施設の目的の3つの柱に据えられていながらも、職員の想いと努力に支えられる形となっている。施設間格差や担当する職員による格差が生じてしまっており、実態を踏まえて、アフターケアに関わる費用の保障をしていただきたい。

第３章

自立の概念について

≪はじめに≫ ―言葉の大切さ―

　プロ野球界で選手、監督として活躍した野村克也氏は、伝達の道具としての「言葉」を次のように表現しています。「人間社会において、言葉は常に大切だ。適切、的確な言葉で表現できるかどうかは、人間の度量を示す大切な物差しとなる…」

　児童福祉の世界において、言葉の乱発、濫用が目立っているように感じています。

　児童養護施設の現在の役割は「子どもの自立支援」です。しかし、本当の意味で「自立支援」という言葉が「共通言語」になっていないのが現状です。このことは、由々しき事態であり、「自立支援」という概念の共有化を図らなければならないことは喫緊の課題です。

　他の分野においても「自立」という言葉は頻繁に使われており、本意でないところで、混乱を生じさせてしまう可能性があるため、社会通念上の「自立」とは視点を変え、敢えて「児童養護施設における」という制約をつけて考えることにします。

❶ 自立・自立支援　―定義―

　東京国際大学の村井美紀准教授は、「1980年代の自立の定義は『経済的自立（就労）・社会的自立（生活技術の習得）・精神的自立（一人暮らしに耐える）』と言われていた。しかし、現代の自立の定義は『他者と関係を形成しながら、発達段階に沿った課題に取り組むこと』と言われている」と説明しています。

　子供の家施設長の早川悟司氏は、「ソーシャルワークの定義そのものが、自立支援を説明している」と言います（IFSW［国際ソーシャルワーカー連盟］によるソーシャルワークの定義『ソーシャルワークは、社会変革と社会開発、社会的結束、および人々のエンパワメントと解放を促進する、実践に基づいた専門職であり学問である。社会正義、人権、集団的責任、および多様性尊重の諸原理は、ソーシャルワークの中核をなす。ソーシャルワークの理論、社会科学、人文学、および地域・民族固有の知を基盤として、ソーシャルワークは、生活課題に取り組みウェルビーイングを高めるよう、人々やさまざまな構造に働きかける』）。

❷ 自立の概念の共有化　―課題―

　「自立」という言葉は抽象的且つ曖昧であり、また難解な言葉でもあります。更には永遠のテーマとも言われています。

　子どもへの自立支援が実を結ぶためには、自立をどのように捉え、何を目指し取り組むのか、合意形成をし、共有化を図ることが大前提となります。「自立」をどのように捉えるか、自立の概念の共有化は、実践における根底に存在していなければなりません。児童養護施設における課題の緩和、改善のためには、必須の課題です。

　「子どもの自立を支援すること」とは、何を目指すことであるのか、その前提として「自立」をどう捉えるか、どう解釈するかが重要になります。その上で具体的な支援（実践）へ結びつけなければ、職員の自己満足、独りよがりで終わってしまう恐れがあります。

　「自立」の実態は、多くの人が思っているほど、明々白々ではありません。それぞれの

イメージだけが先行、独り歩きしている状況を危惧しなければならないと思います。

　また、自立のイメージとしては、「社会で働いて飯を食うこと」「優しさがわかること」「帰れる場所を持っていること」「『孤立』ではなく、『他者』が存在していること」等々が挙げられています。そのイメージをより具体化するためには、重要なデータが必要です。その一つとして挙げられるのが、2011年の東京都による児童養護施設退所者等へのアンケート結果です。

　アンケート結果は、「回収に関しては不充分」と言われる面もありますが、決して、軽視するものではありません。何処に焦点を充てるか、該当者のニーズと支援にズレがあっては、課題の改善どころか緩和にも程遠いことは明白です。施設退所直後に遭遇する困難さとして、「孤立感・孤独感」「経済的不安」が上位に挙げられました。私たちは、この実態を重く受け止めなければなりません。今までの実践だけでは何か不足しているものがあるという視点を持つべきであり、「ニーズの合致」を試行錯誤しながらでも、試みなければならないのです。

③ 視点 ―転換―

　児童養護施設における「自立」に当てはまる英訳は見当たりません。independence、self-reliance（独立）・self-support（自活）という言葉はありますが、児童養護施設における「自立」と合致するとは言い難いところがあります。

　日本語の辞書には、「自律（他からの支配や制約を受けずに、自分自身の規範に従って行動するという意味）」の対義語は「他律」であるものの、「自立」の対義語は「依存」と載っています。それは「誰にも頼らずに生きていく」「支配や助力を受けず存在する」ことを連想させます。しかし、人間は１人では生きていけないということは、誰もが知っているはずです。この矛盾に気付かず、「自立」の幻想に巻き込まれてしまうと周囲に支えられて生きているということがわからなくなってしまう危険性があります。「自律」と「自立」は主体性を持つという意味においては同義です。しかし、「自律」は排他的要素が含まれます。

　自分の力だけで生きているという思いは、傲慢であり、「自立」とは対極に位置する概念です。頼れる他者がいて、多くの選択肢を持てるようにすることこそが、私たちが目指すべき支援なのではないでしょうか。

　こう考えてきて、もう一度、英訳を探してみるとinter-dependence（相互依存・保ち合い）という言葉を見つけることができます。この言葉の是非はともかく、前述の辞書に載っている言葉よりは、現実に沿ったものであると思われます。「大丈夫？」と訊かれた時、「大丈夫じゃない…」と答えられたなら「心は、だいぶ大丈夫になる」ということです。

　あくまで、概念についての話ではありますが、共通の概念を持つ者同士が話し合い、実践し、検証へと進まなければならないことは自明です。

❹ 自尊感情 ―自立の種―

　私たちは、つい、「自立」を「できる」「できない」で、判断してしまいます。

　自立するためには、自分に閉じこもることなく、他者に開かれていることが前提になります。他者からの応答があるという意味での公共性の獲得が必要です。そして自分に届く幾つもの選択肢を手に入れ、必要なことを選び取れること、他者の手を借りることもでき、自分を見つめてくれる人が居て、自分の道を迷いながらも進んでいくことという視点に立つならば、「自立とは（主体的）依存である」と言い換えられます。

　児童養護施設入所児童の特徴の一つとして、「自己肯定感の低さ」が挙げられます。しかし「自己肯定感」を高める支援とは何かを考える前に、どうしても共通認識として念頭におかなければならないことがあります。それは、「自己肯定感」と類似している言葉で「自己有用感」という言葉があるということです。「自己有用感」は、他者の存在なしには生まれてこない点で、「自己肯定感」とは異なります。他者の存在を前提としない自己評価は、傲慢に繋がってしまう恐れもあります。このように考えると、「自己有用感」の獲得が第一義的であり、その後、「自己肯定感」の獲得に向けた取り組みが必須となってくると考えられます。

　人は皆、発展途上にあります。今、人が発展する過程として、欠点を指摘し、直すことよりも、強みを見つけ、伸ばす取り組み（ストレングスモデル）を積極的に実践していくべき時代にいるのだろうと思います。

　倫理観や事の是非などは、その時代の情報力によっても操作されやすいと言われています。言葉の誤解や同一視も多々あると思われます。しかし、先人たちは「汝自身を救え」「天上天下唯我独尊」「独立自尊」「『生きる』ということと『人々の間にある』ということは同義語である」「根、茎を育まなければ、花は咲かず、実も結ばない」等の普遍、不変また不偏の言葉を残しています。

　私たちは、いつか咲く花を想像し、「孤立の種」を育たぬようにし、土を耕し、「自立の種」を植えることに専念しなければならないのではないでしょうか。

≪おわりに≫　―永遠のテーマ―

　「自立」とは、今までの経緯を遡ってみても、その時代で変化するものであると考えられます。言い換えれば、やはり、永遠のテーマです。私たちは、その都度、その永遠のテーマに近づこうとする姿勢を忘れてはならないのではないでしょうか。

　詩人、童話作家と言われている宮澤賢治の言葉に「永遠の未完成、これ完成である」というものがあります。前述したように、人は皆、発展途上です。常に必要があれば姿勢を転換する覚悟で、日々、実践の検証を繰り返していかなければならないのではないでしょうか。

　現状維持は、停滞若しくは後退です。私たち実践者は、常に発展を心掛け、実践しなければなりません。

　私たちは、子どもたちへ、「将来の働き方や生き方を展望」（日本社会事業大学教授　辻浩氏）する機会を提供するとともに、「社会の主流の価値観の中で生きられるようにすることだけでいいのか」（日本社会事業大学教授　辻浩氏）、自問自答しなければならないの

ではないでしょうか。
　また、私たちが忘れてはいけないことは「実践者である」ということです。研究者ではなく、子どもの身近で「伴走（伴奏）」している実践者です。この報告集は、実践者が作成した実践報告集であるということを明記しておきたいと思います。
　ある学習支援事業関係者は「間違わない電子辞書よりも、間違えながら一緒に考えてくれる人がいる方がいい」と言っています。私たちは、子どもの「『大人への移行』に総合的に寄り添う必要」（日本社会事業大学教授　辻浩氏）があります。そして、そのためにはまず、「基盤」作りをしなくてはなりません。
　余談ですが、「保ち合い」という言葉から連想するイメージの一つとして「調和」が挙げられます。「調和」の英訳は、coordinateです。「自立」という言葉から始まり、「interdependence」という言葉を導き出し、そこから「調和」（coordinate）という言葉を連想させる「自立支援コーディネーター」という役割は、業務内容だけでなく、名称もなかなか奥が深いものです。人と人とが繋がり、社会資源が繋がり、調和が広がることを願いながら、実践し続けなければならないと思っています。

第４章

実践報告

ここからは実践事例を紹介していきます。

　今回本書を作成するにあたって、COグループに参加しているすべての施設に実践事例の報告をお願いしました。残念ながら紙面の都合上、報告いただいたものすべてを載せることはできませんでしたが、その中から共有しておきたい実践や特徴的な実践についてピックアップして掲載しています。また、各施設の実践だけではなく、COグループのブロック活動の中で取り組んできた内容についても共有したいと考え、掲載しました。

　本書には30の実践報告をテーマ別に掲載しています。そこには多くの工夫が見られ、それぞれの施設職員が試行錯誤しながら取り組んできたことが窺えます。そして、その多くは施設だけで完結するものではなく、他の専門機関や企業、NPO法人等の社会資源との協働が不可欠であることに気がつきます。

　施設の中にいると、なかなか他の施設がどのような取り組みを行っているのかを学ぶ機会はありません。COは定期的にCOグループでの会議やCO委員会（LC委員会）の学習会に参加することで他施設の取り組みを知ることができます。そうした情報や知識を施設にフィードバックすることもCOの役割の一つですが、見聞きした実践を他の施設で取り入れることに対しては準備が必要です。それぞれの施設の規模や形態、風土や職員集団、地域性や社会資源に合わせてカスタマイズしていく必要があります。

　また、CO業務のイメージ図は以下のようになっています。全ての施設でこのような形での取り組みが行われているわけではなく、各施設ごとに力を入れている点は異なります。これから実践事例を読んで頂く上で、業務の全体像を掴むための一つの例として参照して下さい。

〔図　CO業務の例〕

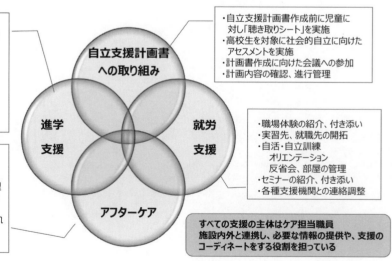

（1）自立支援計画書への助言および進行管理

「子どもの意向を反映させる自立支援計画書」

自立支援コーディネーターグループ　2・3ブロック

≪はじめに≫

　COの業務について各施設での取り組みの確認や悩みを共有していく中で「自立支援計画作成への助言および進行管理」については多くの機会で話題になります。作成に関して基本的な年間スケジュールは統一されてはいるものの、いざ書式を確認してみると各施設でその内容は違い、支援の見直しの仕方や総括の方法も施設ごと様々でした。

　全ての施設で書式を揃え、見直しや総括の方法も一律同じスタイルにすることは不可能ですし、コーディネーターグループでもそこは目指していません。施設ごとの現状もあります。他施設のよい取り組みを学び、自分の施設に還元する作業をしています。そんな中、多くの施設で課題意識として抱えている内容がありました。それが「子どもの意向をどう自立支援計画書に反映させるか」ということです。

　今回はこの点に着目してみました。

❶ 自立支援計画書に関係する基本的な年間スケジュール

各施設に共通する基本的な年間スケジュールです（時期等は、ずれる場合もあります）。

4・5月	児童福祉司との面接や方針の策定
6月	児童相談所への発送
9・10月	前期の振り返りや中間総括
1〜3月	1年間の振り返りと総括

❷ 課　題

・子どもの自立支援計画書であるのに「大人による大人目線の自立支援計画書」「大人が作る大人の目標」になってしまっている。

・子どもの意向が反映されていない。

・子どもの課題点ばかりに目が行きがちな自立支援計画書になっている。子どもの強みに着目した自立支援計画書はできないだろうか。

・作ったら作りっぱなしになってしまっている。大人だけで振り返るのではなく、子どもと一緒に振り返ることができるシステムにしたい。

・関わる職員（作成を担当する職員）によって聴き取り内容やその後の支援にばらつきがでてしまう。

❸ グループ内での取り組み（事前聴き取りシートの作成）

　上記のような課題点が挙げられる中で、子どもと一緒に作成をする、子どもの意向を反映させる書式という点で、既に取り組みを実施している施設も何施設かありました。そのような施設から「意向を聴き取るための書式がある」「聴き取りながらその場で子どもと一緒に計画作成をする」という具体的な実施方法も伺いました。この意見を頂いた施設の取り組みを参考に、どのような内容を聞き取ればよいのかをグループ内で精査し、「事前聴き取りシート」としてひとつのツールにしてみました。

❹ 聴き取りのためのフォーマット作成・利用時の留意点

（資料２　自立支援計画書事前聴き取りシート）

　子どもの本当の意向を大事することを中心に考え、そのために大人と子どもが対話し子どもが感じている思いや意見を汲みとれるように、チェック方式ではない、記述式のシートを作成しました。留意点は以下の通りです。

（１）導入

　どのような目的で聴き取りシートがあるのかを実施前に子どもにきちんと説明する必要があります。自立支援計画書とは何なのか、何のために作成するのか、またここで聴き取った内容が自立支援計画書に反映されていくことを子どもたちに伝えるために、どのような言葉がけでの導入方法がよいのかを考えてみました。以下はその例になります。この文面は聴き取りシートの表紙に記載されています。

例①　あなたが施設での生活について考え、これからの自分のために施設での生活がより充実したものになるよう、担当職員が１対１であなたの話を聞く時間をもちます。まずは、将来のこと、どんな人になりたいか、どんな生活をしたいかなどを考えてみてください。そして、現在どうしたらいいか、今、何が大事なのか、何を頑張ればよいかなど見つけてみましょう。日時や、話し合いに要する時間はみんな違いますが、話し合いに向けて、それぞれ心の準備をしておいてください。もちろん、これは今の気持ちや考えを知るためのものなので何を答えても構いません。ここで答えたことであなたが不利になるようなことはないので安心してください。

例②　この一年間、あなたのための計画を立てるために、あなたの意見を取り入れたいと思っています。今年度どのような希望があるかを答えてください。

例③　これはあなたの将来の夢や希望を叶え、自立した生活を目指すための計画です。あなたの人生の主役は「あなた自身」です。自分のためにできることを考えてみましょう。児童相談所、施設、職員、家族もあなたのために協力していきます。この計画書は○○と○○と一緒に話し合います。その内容は園長と児童相談所にも伝えます。希望があれば家族に伝えることができます。

（2）フォーマットの内容

　自立支援計画書の作成や今後の支援の方向性を考えられるよう、また、子どもの本当の意向を汲みとれるようにと考え、子どもに聴き取ったほうが良いと思う項目をいくつか挙げて作成しました。「家族」「将来」「今の生活」「今年度の目標」の項目については、各施設に合った質問を組み込んで、少し手を加えて活用できると良いと考えます。

　（※掲載の都合上、記述欄は省き、設問のみ記載しました。）

家族について	あなたはどうして○○（施設名）に来たと思いますか。
	あなたは自分の家族についてどう思いますか。
	自分の家族に関して知りたいことはありますか。
	あなたは家族にしてもらいたいことはありますか。
	（家に帰ることができると思っている子どもに対して） あなたは家族が（自分が）どうなれば帰ることができると思いますか。
	（家に帰ることができないと思っている子どもに対して） あなたはなぜ帰ることができないと思っていますか。
	福祉司への要望はありますか。
	私たち（施設職員）ができること。
将来について	（小学生以下） 大きくなったらなりたいものはありますか。
	（小学生以下） 「将来のこと」を考えたことはありますか。
	（中学生以上） 卒園後の進路をどう考えていますか。
	就職希望　　　　　　　　　　　　進学希望
	（就職希望の子どもに対して） 希望の職種はありますか。なぜそう思うのですか。
	（就職希望の子どもに対して） 希望の勤務地はありますか。なぜそう思うのですか。
	（就職希望の高校生に対して） 仕事はどのように探していく予定ですか。
	（進学希望の子どもに対して） 志望校はありますか。
将来について	（中学生以上） 卒園後の生活に向けて今、どうしたら（どんな生活をしたら、何を頑張ればよいか）よいと思いますか。

将来について	（中学生以上） 卒園後の居住地をどう考えていますか（一人暮らしなのか、家族と住もうと思っているのか、どの辺りに住みたいのか）。
	（中学生以上） 卒業時までの目標貯金額は？
	私たち（施設職員）ができること。
今の生活について	あなたの長所はなんですか。
	あなたの短所はなんですか。
	あなたがチャレンジしたいことはありますか（習い事も含め）。
	学校はどうですか（友達のこと、勉強のこと）。
	不安なことや困っていることはありますか。
	職員にお願いしたいことはありますか。
	私たち（施設職員）ができること。
今年度の目標	今年の目標を教えてください。
	私たち（施設職員）ができること。

（3）子どもへのフィードバック

　子どもの声は実際のシートに記入をします。振り返りの時期は施設ごとの設定によって違うと思いますので、振り返りの回数にあわせて記述欄は増やす必要があり、年間を通して同じシートへ記入していくことがポイントです。

　子どもの声を振り返りの度に残しておくことも大切です。振り返りの度に埋まっていく自分の意向を職員と共有することで、子ども自身も自分が話したことがどのような方向に進んでいるのかを確認しやすくなります。

　シートには「私たち職員ができること」欄を加え、子どもの意向に対し職員ができることを記入し、フォーマットを活用しながら子どもにフィードバックを行います。

　児童相談所に提出する書式は子どもが見ることはできませんが、このシートは子どもが実際に見ることができます。いつでも子どもが確認できるため、子どもと職員がいつでも目標について意向を確認することができ、自立支援計画に基づいた支援や子どもたちの生活の充実や安定に繋がっていくと考えます。

❺ 取り組み後の評価

（1）子どもの感想・反応

　①自分で目標設定するため、生活の中で子ども達自身が目標を意識でき、充実した生活を送れるようになります。しかし、中には高い目標を設定し、言ったことはやらなくてはいけないとの思いが強い子どももいるため、その子どもに適した目標設定を行い、計画が「認めることや褒めること」のツールにしていけるよう意識します。

②意向の聴き取りの場が、子どもにとって、公式に自分の意見を言える場になっているため、家族や児童福祉司に言いたいことが表明できるようになったり、職員への要望や手伝ってほしいことを改めて伝えられるという手ごたえがあります。

（2）職員の評価
①子どもの目標への取り組みを互いに確認出来るため、目標が見えやすくなります。
②職員と子どもで目標や課題を改めて共有できるため、目標を意識した支援が行いやすくなります。そういう大人の姿勢が子どもと職員の信頼関係構築のきっかけになったり、職員が意図的に褒める場として良い機会になることがあります。

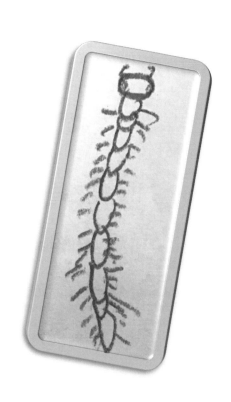

資料２

平成○○年度

自立支援計画書
事前聴き取りシート（案）

児童名：＿＿＿＿＿＿＿＿＿＿＿＿＿＿＿

職員名：＿＿＿＿＿＿＿＿＿＿＿＿＿＿＿

	施設長	○○	△△	□□				
確認印	印	印	印	印	印	印	印	印

目的

例１）
あなたが○○（施設名）での生活について考え、これからの自分のために○○（施設名）での生活がより充実したものになるよう、担当職員が1対1であなたの話を聞く時間をもちます。まずは、将来のこと（どんな人になりたいか、どんな生活をしたいかなど）を考えてみてください。そして、現在どうしたらいいか（今、何が大事なのか、何を頑張ればよいかなど）見つけてみましょう。日時（いつ行うか）や、話し合いに要する時間（どれくらいかかるか）はみんな違いますが、話し合いに向けて、それぞれ心の準備をしておいてください。もちろん、これは今の気持ちや考えを知るためのものなので何を答えても構いません。ここで答えたことであなたが不利になるようなことはないので安心してください。
例２）
この一年間、あなたのための計画を立てるために、あなたの意見を取り入れたいと思っています。今年度どのような希望があるかを答えてください。
例３）
これはあなたの将来の夢や希望を叶え、自立した生活を目指すための計画です。あなたの人生の主役は「あなた自身」です。自分のためにできることを考えてみましょう。児童相談所、施設、職員、家族もあなたのために協力していきます。この計画書は○○（役職名）と○○（役職名）と一緒に話し合います。その内容は園長と児童相談所にも伝えます。希望があれば家族に伝えることができます。

※「この聴き取りが自立支援計画書に反映されること」は必ず記載する。

家族について	あなたはどうして〇〇（施設名）に来たと思いますか。	
	【前期】	【後期】
	あなたは自分の家族についてどう思いますか。	
	【前期】	【後期】
	自分の家族に関して知りたいことはありますか。	
	【前期】	【後期】
	あなたは家族にしてもらいたいことはありますか。	
	【前期】	【後期】
	（家に帰ることができると思っている子どもに対して）あなたは家族が（自分が）どうなれば帰ることができると思いますか。	
	【前期】	【後期】
	（家に帰ることができないと思っている子どもに対して）あなたはなぜ帰ることができないと思っていますか。	
	【前期】	【後期】
	福祉司への要望はありますか。	
	【前期】	【後期】
	私たち（施設職員）ができること	
	【前期】	【後期】
将来について	（小学生以下）大きくなったらなりたいものはありますか。	
	【前期】	【後期】
	（小学生以下）「将来のこと」を考えたことはありますか。	
	【前期】	【後期】
	（中学生以上）卒園後の進路をどう考えていますか。	
	就職希望	進学希望
	（就職希望の子どもに対して）希望の職種はありますか。なぜそう思うのですか。	
	【前期】	【後期】
	（就職希望の子どもに対して）希望の勤務地はありますか。なぜそう思うのですか。	
	【前期】	【後期】
	（就職希望の高校生に対して）仕事はどのように探していく予定ですか。	
	【前期】	【後期】
	（進学希望の子どもに対して）志望校はありますか。	
	【前期】	【後期】

将来について	（中学生以上） 卒園後の生活に向けて今、どうしたら（どんな生活をしたら、何を頑張ればよいか）よいかと思いますか。	
	【前期】	【後期】
	（中学生以上） 卒園後の居住地をどう考えていますか（一人暮らしなのか、家族と住もうと思っているのか、どの辺りに住みたいのか）。	
	【前期】	【後期】
	（中学生以上） 卒業時までの目標貯金額は？	
	【前期】	【後期】
	私たち（施設職員）ができること	
	【前期】	【後期】
今の生活について	あなたの長所はなんですか。	
	【前期】	【後期】
	あなたの短所はなんですか。	
	【前期】	【後期】
	あなたがチャレンジしたいことはありますか（習い事も含め）。	
	【前期】	【後期】
	学校はどうですか（友達のこと、勉強のこと）。	
	【前期】	【後期】
	不安なことや困っていることはありますか。	
	【前期】	【後期】
	職員にお願いしたいことはありますか。	
	【前期】	【後期】
	私たち（施設職員）ができること	
	【前期】	【後期】
今年度の目標	今年の目標を教えてください。	
	【前期】	【後期】
	私たち（施設職員）ができること	
	【前期】	【後期】

※上記の書式は、子どもへの聴き取りが前期と後期に実施される施設向けの書式です。

◎聴き取り日

平成　　年　　月　　日（　曜日）
対応職員：

メモ欄
（質問項目以外のことで子どもから発信があった内容
等をメモ）

◎フィードバッグ（振り返り）をした日

平成　　年　　月　　日（　曜日）
対応職員：

メモ欄

平成　　年　　月　　日（　曜日）
対応職員：

メモ欄

平成　　年　　月　　日（　曜日）
対応職員：

メモ欄

平成　　年　　月　　日（　曜日）
対応職員：

メモ欄

（1）自立支援計画書への助言および進行管理

社会的自立に向けたチェックシートへの取り組み

自立支援コーディネーターグループ　４・５ブロック

≪はじめに≫

　ＣＯグループ４・５ブロックでは、自立支援計画書策定に向けたアセスメントを行うためのツールづくりに継続して取り組んでいます。そもそも「自立」や「自立支援」というものに対するイメージが人それぞれ異なることを前提に、どう概念を共有していくかというところから話し始め、2014年には自立を目前に控えた高校生を対象にした「社会的自立に向けたチェックリスト（以下、チェックリストという）」を作成しました。以降、実際にそのチェックリストを使用した上での改訂や、中学生版、小学生版、幼児版のチェックリスト作成にも取り組んできました。

≪取り組み≫

❶ 「自立」の概念を施設内で共有する

　児童養護施設の果たすべき役割の大きな柱の一つである「自立支援」を進めるうえで、目指すべき「自立」とは何なのか、「自立支援」とはどういったことを指すのかということを、施設として共有しておくことが大切です。概念の共有がなければ、同じ言葉を使って話していても実際にイメージしているものは全く違ってしまっている可能性があります。そのため、まずは施設において「自立」の概念について話し合い、それぞれの職員が持っている考えを共有し、明文化していく作業が求められます。４・５ブロックでは以下のように整理していますが、この定義や指標が正解というわけではありません。それぞれの施設の理念や方針、取り組みに沿ったものを作り上げていく必要があります。

（1）目指す自立の像

　「自立」という言葉を定義する前に、まずはどんな姿が「自立している」ということなのかということを考える必要があります。４・５ブロックでは、自立に必要だと思われるキーワードを挙げ、それらをつなぎ合わせて、以下のように目指す自立の像をまとめました。これは、子どもたちにどんな人になってもらいたいか、こういうことができたらいい、という私たちの想いでもあります。

　　○自分らしさを安心して出せる、安心で健康な生活を送る
　　○自身の耐性を身に付け、主体的依存をしていく
　　○自己決定したことに折り合いをつけながら、他者と関わっていく

（2）自立の指標

　自立の指標を作るにあたっては、まずブレインストーミングで、自立するために確認しておきたい質問事項を考えポストイットに記入し、それぞれ考えた質問をグループに分けました。その後、KJ法を用いて、そのグループに名前をつけ、優先順位をつけて整理していきました。大きく、精神的自立・身体的自立・社会的自立・経済的自立という４つのカテゴリーに分かれたものを文章化し、自立の指標を作成しました。

≪精神的自立≫ ①親子関係・成育歴の整理ができている ②自己肯定感を持てている（自分らしく） ③自己認知ができている ④主体的依存ができる（安心して他者に）	≪身体的自立≫ ①基本的生活習慣が身についている ②健康管理ができている ③時間管理ができている
≪社会的自立≫ ①コミュニケーションがはかれる ②相談できる人がいる ③適切な性の知識を持っている ④ネットの危険性を理解し、危機管理ができる ⑤社会資源が活用できる	≪経済的自立≫ ①金銭管理ができる ②働く意義がわかる ③アルバイトができる ④生活な必要な手続きや支払の知識を持っている

（3）自立の定義

　自立の定義は一定ではありません。時代によって、その定義は変化しています。また、年齢によっても自立が指す意味合いは異なります。自立していくためには発達段階に沿った支援を行うことが必要であり、それは日常的に行っている支援でもあります。また、目指す自立の像と自立の指標を重ね合わせ、より具体的に自立について定義しました。

　　○自立とは………「他者と関係を形成しながら、発達段階に沿った課題に取り組むこと」
　　○自立支援とは…「児童の自立に向けて日常からなされるすべての支援」
　　○精神的自立……「自分の弱みを認め、かつ自身の耐性を身に付け、必要な場合に他者や社会に援助を求めること（主体的依存）」
　　○身体的自立……「基本的生活習慣を身に付け、健康で安心した生活を送ること」
　　○社会的自立……「公共性（他者との応答）を取得すること」
　　○経済的自立……「就労習慣を取得すること」

　自立の定義は、職員だけが共有するのではなく、子ども自身とも共有し、イメージを持たせることが必要です。
　４・５ブロックではこの４つの定義をもとに、各年齢の理解度に合わせてわかりやすい言葉に変えた自立の定義をチェックシートの冒頭に載せ、子どもと職員が共有できるようにしています。

② チェックリストの目的

①将来自立をするために必要な準備が、今の時点で何がどのくらいできているのか、できていないのかを子どもと担当ケア職員が一緒に確認すること
②その上で、社会的自立をするまでに必要な獲得目標を明確にすること
③その目標を自立支援計画書に反映させるとともに、日々の生活における支援の具体化につなげること

③ 取り組み方法　　（資料３　自立に向けたチェックシート 高校生版）

（１）子どもにチェックリストの目的を伝える

　チェックリストを行う前に、なぜ行うのか、行ったあとどうするのかという目的を説明します。またそれと同時に「自立する」ということがどういうことなのか、定義を読み合わせて伝えます。チェックリストの全ての項目が高得点でなければいけないわけではないこと、他者からの支援を受け入れることも自立に向けた大切な力であることを丁寧に伝えながら、チェックリストに取り組みます。

（２）子どもと担当ケア職員が一緒にチェックリストに取り組む

　自立支援計画書を策定する前に、子どもと担当ケア職員が一緒に取り組みます。６段階の評価は子どもに自己採点させるのではなく、担当ケア職員と話し合いながら決めていきます。回答を選択するだけではなく、その質問がどういう意図を持っているのかを、職員用のチェックシートをもとに、説明しながら進めていきます。

自立に向けたチェックシート 高校生版 （職員用）

■この用紙の右欄には、職員が配慮する点、補足する点などが記入してあります。子どもとアセスメントシートをつけるにあたっての教則本のようなものなので、子どもに見せるのではなく、職員が持って使ってください。
■このアセスメントシートの目的は、職員と子どもがお互いに確認し合い、子どもが自分のタイプを知り、支援の材料にすることです。点数にはあまりこだわらないで行ってください。
■右側の★の所は、別紙の「補足シート」と連動しています。必要に応じて参照してください。
■選択肢の中で、☑がついている所が標準点（施設を退所するまでにクリアしてほしい目安）です。

I　身体的自立
I−1. 基本的生活習慣が身についている
　　a. バランスの良い食事をとっていますか？
　　　① □ バランスの良い食事が分からない
　　　② □ 食事なんてどうでもいいと思う
　　　③ □ あまりできていない
　　　④ □ できているかどうか分からない
　　　⑤ ☑ 少しはできている
　　　⑥ □ だいたいできている

職員が補足する設問や説明　など

I−1.a　バランスの良い食事とはどんなものか？を質問してみる。

三食食品群のタンパク質（赤）,炭水化物（黄）、野菜（緑）をバランス良く食べることです。更に主食、主菜、副菜まで答えられると良いでしょう。

　また、自分の得意なことは何なのか、相談できる相手は誰なのかなど、具体的な内容についても聞き取ります。
　質問内容についてわからないことがある場合は、職員が説明しながら子どもの理解を深めていきます。その際に使用する職員用の補足シートも別途作成しています。

> **自立に向けたチェックシート（高校生版）＜ 補足シート ＞**
>
> Ⅳ－2a.「施設を出たら生活するのに1か月どれ位のお金が必要か知っていますか？」
> Ⅴ－1d.「水道光熱費い（公共料金）が1か月どの位かかるか知っていますか？」
>
> ～施設を出たら生活するのに1か月どれくらいのお金が必要か？～
>
> 水道光熱費（水道・ガス・電気）が、ひと月に1万円位。
> そのほかに食費、電話代、雑費などで4万円位。これらを合わせてだいたい給料（手取り）
> 3分の1位はかかる。
>> 実際に使える金額・・・社会人の給与明細書には、必ず「**支給額**」と「**振込額**」という項目があります。このうち「**支給額**」というのが額面での給料であり、「**振込額**」というのが手取り額のことになります。初任給から引かれるのは**所得税**と**雇用保険料**ですが、合計すると約1万円が控除（引かれるお金）されることになります。

　質問項目については、4・5ブロック内で定めた「自立の指標」を元に設問化しました。この項目が全てというわけではありませんが、「自立」をするまでに身につけておいてほしい知識や力について、発達段階に沿った質問を行い、現在の自立度をはかる目安にします。

（3）結果の集計を行う

　集計は6段階の点数評価とし、レーダーグラフに表して、できること、できないことをわかりやすく可視化するようにしています。また、どのようにできることが変化してきているかがわかるように、なるべく高校1年生から毎年行い比較します。添付してある資料の集計表1と2には標準点を記載しています。結果については必ず子どもと共有し、振り返りを行います。

（4）自立支援計画書に活かす

　チェックリストを行うこと自体が目的ではなく、この結果を情報の一つとして、アセスメントを行っていくことが大切です。ケア職員やCO、心理職、医師等、必要な職種が集まってアセスメント会議を行い、支援方針を具体化して自立支援計画書に活かしていきます。

4　中学生版チェックシートについて

　中学生版チェックシートも取り組み方は高校生版と同じですが、内容については高校生版チェックシートを中学生時期の発達課題に照らし合わせて、質問項目の精査を行いました。経済的自立の項目を減らし、社会的自立に「学校生活」についての質問を入れるなど、年齢に沿ったものに変更しています。また、より理解しやすいよう、質問の仕方を「あなたは～」と投げかける形にする等工夫しています。質問の数も75問から50問に減らし、20分程度で取り組める内容にしました。

自立に向けたチェックシート （中学生版）

【目的】

このチェックリストは、児童養護施設で生活している中学生を対象にしています。
将来自立するために必要な準備が、今の時点で何がどの位できているのか、できていないのかを確認し、
あなたが自立するまでの支援計画を立てることが目的です。

【自立の定義】

① 自分の良い所といけない所を確認し、時には我慢することもあることを学ぶ中で、周りの人に助けを求めたり相談したりすることが出来る

- 自分の良い所と直したい所を確認し、意識してみよう。
- 時には我慢することがあることを知ろう。
- 困ったことがあったら周りの人に助けを求めたり相談したりしよう。

⑤ 小学生版チェックシートについて

（資料4　自立に向けたチェックシート 小学生①）

　自立支援は「日常からなされるすべての支援」であると考え、小学生や幼児についても「自立に向けたチェックシート」に取り組む必要性を感じました。小学生については取り組みやすさを考え、見開き1ページにおさめることやイラストを入れるなど工夫しています。また、小学校の期間は6年と長いことから小学生①、②と2つのレベルに分けたチェックシートを作成しました。低学年、高学年を目安にしながらも、子どもの発達段階に応じて使い分けられるようにしています。

⑥ 幼児版チェックシートについて

　幼児版のチェックシートは子ども自身が取り組むことは難しいため、職員が取り組み、日々の支援に活かせるようにと考えました。小学生以上は、精神的自立、身体的自立、社会的自立、経済的自立を4つの柱として考えていますが、幼児については経済的自立ではなく、運動という視点を加えています。また、単にチェックをするだけではなく、支援ポイントを記載し、どのようなことを意識して支援をしていくかということも示しました。

　質問項目については、0～2歳、3～6歳と分けており、どの部分を取りこぼしているのかがわかるようになっています。

1．身辺自立（身体的自立）		
①食事		
☆支援のポイント		

・栄養のバランスや硬さ、大きさ、盛り付け、温度に配慮された食事を与えましょう。味付けは薄味、おやつも健康や歯によいものを心がけましょう。

・味覚が発達するので、好き嫌いが出てくることもありますが、苦手な物でも仲良しの友達が食べていると食べ始めたり、新しいおかずに拒否的でも養育者が「美味しい」と言って食べていると食べられたりします。
また、「（苦手な）ピーマンを食べると孫悟空のように強くなる！」など楽しい会話で食卓を盛り上げましょう。

年齢	子どもの現状と課題	方針
0-2歳	本能で食べている　　食べたいから食べる	
	ストローやコップを使って飲むことができる	
	フォーク・スプーンを自分で使って食べる、食べようとする	
	食事の時間を楽しみにしている	
	よく噛んで食べる	
	すくったものをこぼさず口まで運んで食べる	

≪考　察≫

　自立支援計画書を策定するにあたって、担当ケア職員に一任されている施設もあれば、全ての子どもの自立支援計画書を職員会議で取り扱っている施設もあり、取り組み方は様々です。施設によっては、自立支援計画書は児童相談所に提出するためだけの形式的なものとして、別途独自の支援計画を立てている施設もあります。

　本来、自立支援計画書は子どもの支援の基本方針となるものであり、その目標と取り組みは日々の支援に反映していかなければいけません。自立支援計画書が形式的なものではなく、支援の柱となるためには、いかに自立支援計画書を充実させていくかが問われます。

　また、日々の支援の中で表出してくる子どもの課題は、時に客観性を保って共有しにくい場合があります。発達課題に沿った設問項目に対し、子どもと担当ケア職員が合意のもとに評価を決めていくことで、見えてきた課題に客観性が保持されます。さらに、子どもの意向や担当ケア職員の見立て、他の専門職の視点もあわせて、多角的にアセスメントしていくことが必要です。そのためには、アセスメント会議や自立支援策定会議を行ったり、自立支援計画書にCOからの記入欄を設けるなど工夫をしながら、自立支援計画書の充実を目指しています。

　施設職員が目指す子どもの「自立」とは何なのか、施設内において、また子どもと一緒に考えるための取り組みとしても、このチェックリストを活かしていきたいと考えています。

　※今回は高校生版と小学生①のチェックシートのみ資料として添付しています。

資料3

自立に向けたチェックシート（高校生版）

【目的】

このチェックリストは、児童養護施設で生活している高校生を対象にしています。
将来自立するために必要な準備が、今の時点で何がどの位できているのか、できていないのかを確認し、あなたが自立するまでの支援計画を立てることが目的です。

【自立の定義】

① 自己の強みと弱みを認め、かつ自身の耐性を身に付け他者や社会に援助を求めること
（主体的依存）

   自分の良いところ、少し変えてみたいところを知り、時には自分で解決することや我慢することもあることを知った上で、周りの人に助けを求めたり相談することができる

② 基本的生活習慣を身に付け安心で健康的な生活を送ること

   しっかり寝る・食べる・仕事や学校に行く・清潔さを保つ・お金の遣い方・時間を守ることに気をつけることができ、安心して健康な生活を送ることができる

③ 公共性（他者との応答）を取得すること

   生活のすべてが一人きりにならず、周りの人と関わりを持つ時間や場所があること

④ 就職習慣を取得すること

   継続して働くことができる（例えその仕事を辞めてしまっても、再度仕事を探して再就職することができる）

⑤ 自己・他者・社会と折り合いを付けながら自己決定し、自分らしく生きていくこと

   自分と周りの人、社会（生きている世界で利用する物全般を指します）の中で、自分の意見をしっかり言い、人の意見を聞きつつ、決まりやルールを守りながら自分の意見を譲ることもできる。
   自分にふさわしい道を選び、自分を大切にしながら生きることができる。

【やり方】

職員と一緒に取り組みます（1対1かそれに近い形で）。
繰り返し行うことで、何がどの位できるようになったかを確認することができるので、1年に1回 行います。
各質問に対する回答の番号が点数になります。

Ⅰ　身体的自立

Ⅰ－1. 基本的生活習慣が身についている

a. バランスの良い食事をとっていますか？
- ① □ バランスの良い食事が分からない
- ② □ 食事なんてどうでもいいと思う
- ③ □ あまりできてはいない
- ④ □ できているかどうか分からない
- ⑤ □ 少しはできている
- ⑥ □ だいたいできている

b. 十分睡眠をとることができていますか？
- ① □ 睡眠なんてどうでもいい
- ② □ 寝られない/寝たくない
- ③ □ ほとんど寝ていない
- ④ □ できる時とできない時がある
- ⑤ □ だいたいとれている
- ⑥ □ とれている

c. 整理整頓できますか？（使ったものを元あった場所に戻していますか？）
- ① □ 整理整頓をする気がない
- ② □ （必要性は理解しているが）全然できない
- ③ □ 整理整頓はほとんどできていない
- ④ □ できている時とできていない時がある
- ⑤ □ だいたいできている
- ⑥ □ できている

d. 歯磨き、洗顔を毎日していますか？
- ① □ 歯磨き洗顔はしたくない
- ② □ 全然していない
- ③ □ ほとんどしていない
- ④ □ 時々している
- ⑤ □ だいたいしている
- ⑥ □ 毎日している

Ⅰ-2. 健康管理ができている

a. 自分の体質（アレルギー、ぜん息、乾燥肌など）や今までかかった病気を知っていますか？
① □自分の体質を知らなくてもいいと思う　　② □全然知らない
③ □あまり知らない　　　　　　　　　　　④ □少し知っている
⑤ □だいたい知っている　　　　　　　　　⑥ □知っている

b. 毎日の体調管理（疲れている時は早く寝るなど）ができますか？
① □体調管理はしなくていいと思う　　② □（必要性は理解しているが）全然できない
③ □あまりできない　　　　　　　　　④ □少しできる
⑤ □だいたいできる　　　　　　　　　⑥ □できる

c. 具合が悪い時（今ある生活が送れそうもないタイミング）に通院できますか？
① □病院に行きたくない　　　　　　　　　　② □通院方法が分からない
③ □（通院方法は分かるが）ひとりでは通院できない　④ □（通院方法は分かるが）どのタイミングで通院していいか分からない
⑤ □言われたら通院できる　　　　　　　　　⑥ □自分で考えて通院できる

d. 症状に合わせて受診する病院を選ぶことができますか？（内科、皮膚科、歯科など）
① □通院する気はない　　　　　　　② □何科があるのか分からない
③ □受診先を選ぶことができない　　④ □なんとなく選べる
⑤ □だいたい選べる　　　　　　　　⑥ □選べる（分からなかったら自分で調べられる）

e. 通院する時に何が必要か（診察券、予約、お金、保険証など）分かっていますか？
① □通院する気がない　　　　② □全然分からない
③ □あまり分からない　　　　④ □少し分かる
⑤ □だいたい分かっている　　⑥ □分かっている

f. 処方された薬をきちんと飲むことができますか？
① □服用の必要性が理解できない　　② □服薬（管理が）できない
③ □あまりできない　　　　　　　　④ □飲む時もあるし飲まない時もある
⑤ □だいたいできる　　　　　　　　⑥ □できる

g. 他人に迷惑を掛けないストレス発散方法を持ち、発散できますか？
① □良い発散方法が思いつかない　　　　　　② □（発散方法は分かっているが）全然発散できない
③ □（発散方法は分かっているが）あまり発散できない　④ □発散できる時とできない時がある
⑤ □だいたい発散できる　　　　　　　　　　⑥ □発散できる

Ⅰ-3. 時間管理ができている

a. 朝、ひとりで起きることができますか？
① □ひとりで起きる必要性を感じない　　② □ひとりでは全然起きれらない
③ □あまりできない　　　　　　　　　　④ □できる時とできない時がある
⑤ □だいたいできる　　　　　　　　　　⑥ □できる

b. 約束の時間（学校、友人関係、帰園など）を守れますか？
① □時間を守る必要性が分からない　　② □時間を全然守れない
③ □あまり守れない　　　　　　　　　④ □守れる時と守れない時がある
⑤ □だいたい守れる　　　　　　　　　⑥ □守れる

c. 自分の予定に優先順位をつけて組み立てられますか？
① □優先順位をつける必要性が分からない　　② □全然できない
③ □あまりできない　　　　　　　　　　　　④ □できる時とできない時がある
⑤ □だいたいできる　　　　　　　　　　　　⑥ □できる

d. 予定外のことが起きた時に予定を変更できますか？
① □変更する必要性が分からない　　② □変更が全然できない
③ □あまりできない　　　　　　　　④ □できる時とできない時がある
⑤ □だいたいできる　　　　　　　　⑥ □できる

Ⅱ　社会的自立

Ⅱ-1. コミュニケーションがはかれる

a. 自分の意見や思いを、相手に不快感を与えない言葉を選んで伝えられますか？
① □伝えたくない　　　　　　② □全然伝えられない
③ □あまり伝えられない　　　④ □伝えられる時と伝えられない時がある
⑤ □少し伝えられる　　　　　⑥ □だいたい伝えられる

b. 苦手な人とも話すことができますか？
　① □話したくない　　　　　　　　　② □全然話せない
　③ □あまり話せない　　　　　　　　④ □できる時とできない時がある
　⑤ □少し話せる　　　　　　　　　　⑥ □だいたい話せる

c. 場面に応じて敬語を使うことができますか？
　① □使いたくない　　　　　　　　　② □全然使えない
　③ □あまり使えない　　　　　　　　④ □使える時と使えない時がある
　⑤ □だいたい使える　　　　　　　　⑥ □使える

d. 学校、会社、地域、社会の中で、ルールを守ろうと思いますか？
　① □そもそもルールがわからない　　② □全然思わない
　③ □あまり思わない　　　　　　　　④ □少し思う
　⑤ □だいたい思う　　　　　　　　　⑥ □思う

Ⅱ-2. 相談できる人がいる

a. 分からないことがあった時、人に聞くことができますか？
　① □聞きたくない　　　　　　　　　② □全然聞けない
　③ □あまり聞けない　　　　　　　　④ □聞ける時と聞けない時がある
　⑤ □少し聞ける　　　　　　　　　　⑥ □だいたい聞ける

b. 施設の中にすぐ相談できる人がいますか？
　① □相談したくない　　　　　　　　② □いるかどうか分からない
　③ □1人もいない　　　　　　　　　④ □1人はいる
　⑤ □2～4人いる　　　　　　　　　⑥ □5人以上いる

c. 施設の人以外にすぐ相談できる人がいますか？
　① □相談したくない　　　　　　　　② □いるかどうか分からない
　② □1人もいない　　　　　　　　　④ □1人はいる
　③ □2～4人いる　　　　　　　　　⑥ □5人以上いる

Ⅱ-3. 適切な性の知識を持っている

a. 妊娠の仕組み（小学校の授業で習う程度の内容）を知っていますか？
　① □質問の意味が分からない　　　　② □知りたくない
　③ □全然知らない　　　　　　　　　④ □あまり知らない
　⑤ □少し知っている　　　　　　　　⑥ □知っている
　　⑤⑥の場合、どんなことを知っていますか？—（　　　　　　　　　　　　　　　）

b. 避妊の仕方や性病にかからないための知識をもっていますか？
　① □質問の意味が分からない　　　　② □もちたくない
　③ □全然もってない　　　　　　　　④ □あまりもっていない
　⑤ □少しもっている　　　　　　　　⑥ □もっている
　　⑤⑥の場合、どんなことを知っていますか？—（　　　　　　　　　　　　　　　）

c. 性産業（キャバクラ・ガールズバー・風俗・ホストクラブなど）の危険性を知っていますか？
　① □質問の意味が分からない　　　　② □知りたくない
　③ □全然知らない　　　　　　　　　④ □あまり知らない
　⑤ □少し知っている　　　　　　　　⑥ □知っている
　　⑤⑥の場合、どんなことを知っていますか？—（　　　　　　　　　　　　　　　）

d. 自分のプライベートゾーンを守ることができますか？（服装や距離感などにも気をつかえますか？）
　① □質問の意味が分からない　　　　② □守りたくない
　③ □全然守れない　　　　　　　　　④ □あまり守れない
　⑤ □だいたい守っている　　　　　　⑥ □守れる

Ⅱ-4. インターネットの危険性を理解し、危険管理ができる

a. インターネット上で本名や住所など個人情報を守りながら利用できますか？
　① □個人情報を守らなくてもいいと思う　② □守れているかどうか分からない
　③ □ほとんどできていない　　　　　④ □あまりできない
　⑤ □少しできる　　　　　　　　　　⑥ □だいたいできる

b. インターネット上で知り合った人と気軽に会うことが、危険だと分かっていますか？
① □質問の意味が分からない　　② □危険だと全然思わない
③ □あまり分からない　　　　　④ □少し分かる
⑤ □だいたい分かる　　　　　　⑥ □分かる

c. インターネット詐欺の対処法を知っていますか？
① □質問の意味が分からない　　② □知りたいと思わない
③ □全然知らない　　　　　　　④ □あまり知らない
⑤ □少し知っている　　　　　　⑥ □だいたい知っている

Ⅱ-5. 社会資源が活用できる
a. 困った時にあなたをサポートしてくれる機関が3つ以上言えますか？
① □そのような機関を知りたくない　　② □全然知らない
③ □存在は知ってはいるが名前が分からない　④ □1つ言える
⑤ □2つ言える　　　　　　　　　　　　⑤ □3つ以上言える
　④⑤⑥の場合、それはどこですか？—（　　　　　　　　　　　　　　　　）

Ⅲ　精神的自立

Ⅲ-1. 親子関係・成育歴の整理ができている
a. 自分の生年月日、今住んでいる場所の住所と電話番号、親の名前が言えますか？
① □1つも言えない/知らない　　② □1つ言える
③ □2つは言える　　　　　　　④ □3つは言える
⑤ □ほとんど言える　　　　　　⑥ □全てきちんと言える

b. 自分の生まれた場所や育ってきた場所を知っていますか？
① □全く知らない　　　　　　　② □ほとんど知らない
③ □あまり知らない　　　　　　④ □少しは知っている
⑤ □だいたい知っている　　　　⑥ □知っている

c. 連絡が取れる親、親族、兄弟姉妹はいますか？
① □いるけれど連絡を取りたくない　　② □いない
③ □いるかどうかが分からない　　　　④ □1人いる
⑤ □2～4人いる　　　　　　　　　　⑥ □5人以上いる
　④⑤⑥の場合、それは誰ですか？—　　（　　　　　　　　　　　　　　）

d. なぜ児童養護施設に入所しているのか知っていますか？
① □入所理由について分かりたくない/知りたくない　② □全然分からない
③ □ほとんど分からない　　　　④ □少しは分かる
⑤ □だいたい分かる　　　　　　⑥ □分かっている

e. 今、自分が施設で生活していることを納得していますか？
① □そういうことを考えたくない　　② □全然納得できない
③ □あまり納得できない　　　　　　④ □少しは納得できる
⑤ □だいたい納得できる　　　　　　⑥ □納得できる

Ⅲ-2. 自己肯定感を持てている
a. 大変なことやつらいことがあっても、頑張ってやっていこうと思えますか？
① □思えるかどうか分からない　　② □全然思えない
③ □あまり思えない　　　　　　　④ □少しは思える
⑤ □だいたい思える　　　　　　　⑥ □思える

b. 自分は生まれてきてよかったと思いますか？
① □分からない　　　　　　　　② □全然思わない
③ □あまり思わない　　　　　　④ □少しは思う
⑤ □だいたいよかったと思う　　⑥ □よかったと思える

c. 好きなこと(趣味など)や好きな時間はありますか？
① □あるかどうか分からない　　② □全然ない
③ □あまりない　　　　　　　　④ □少しある
⑤ □まあまあある　　　　　　　⑥ □たくさんある

d. 自分の居場所だと思える場所はありますか？
① □ あるかどうか分からない　　　　② □ 全然ない
③ □ あまりない　　　　　　　　　　④ □ 少しある
⑤ □ まあまあある　　　　　　　　　⑥ □ たくさんある
　　④⑤⑥の場合、それはどこですか？—（　　　　　　　　　　　　　　　　）

e. 自分が大切にされた感覚・実感がありますか？
① □ あるかどうか分からない　　　　② □ 全然ない
③ □ あまりない　　　　　　　　　　④ □ 少しある
⑤ □ まあまあある　　　　　　　　　⑥ □ たくさんある
　　④⑤⑥の場合、それはどんな時ですか？—（　　　　　　　　　　　　　　　　）

Ⅲ-3. 自己認知ができている

a. 得意なことがありますか？
① □ 自分の得意なことが何かわからない　　② □ 全然ない
③ □ あまりない　　　　　　　　　　④ □ 少しある
⑤ □ いくつかある　　　　　　　　　⑥ □ たくさんある
　　④⑤⑥の場合、それはどんなことですか？—（　　　　　　　　　　　　　　　　）

b. 苦手なことがありますか？
① □ 自分の苦手なことが何か分からない　　② □ 全然ない
③ □ あまりない　　　　　　　　　　④ □ 少しある
⑤ □ いくつかある　　　　　　　　　⑥ □ たくさんある
　　④⑤⑥の場合それはどんなことですか？—（　　　　　　　　　　　　　　　　）

c. 自分の性格や特性が分かりますか？
① □ そういうことを考えたくない　　② □ 自分の性格や特性がどんなものか全然分からない
③ □ あまり分からない　　　　　　　④ □ 少しは分かる
⑤ □ ある程度分かる　　　　　　　　⑥ □ 分かる

Ⅲ-4. 主体的依存ができる

a. 自分のことを心配したり気にかけてくれる人はいますか？
① □ そんな人は自分には必要ない　　② □ いるかどうか分からない
③ □ 1人もいない　　　　　　　　　④ □ 1人はいる
⑤ □ 2～4人いる　　　　　　　　　⑥ □ 5人以上いる
　④⑤⑥の場合、それは誰ですか？あてはまるものすべてに〇をつけてください。
　　　→（ 家族や親族・施設職員・施設の友人や先輩・学校の先生・学校の友人や先輩・その他 ）

b. 弱音をはける人、安心して話せる人はいますか？
① □ 人に弱音をはいたり、話したりなんてしたくない　② □ そういう人がいるか分からない
③ □ 1人もいない　　　　　　　　　④ □ 1人はいる
⑤ □ 2～4人いる　　　　　　　　　⑥ □ 5人以上いる
　④⑤⑥の場合、それは誰ですか？あてはまるもの全てに〇をつけてください。
　　　→（ 家族や親族・施設職員・施設の友人や先輩・学校の先生・学校の友人や先輩・その他 ）

Ⅳ　経済的自立 A

Ⅳ-1. 金銭管理ができる

a. こづかい帳をつけていますか？
① □ つける必要がない　　　　　　② □ 全然つけてない
③ □ あまりつけてない　　　　　　④ □ 時々つけている
⑤ □ 毎月つけている　　　　　　　⑥ □ 毎日（毎回）つけている

b. お金を計画的に使うことができますか？
① □ 計画的に使う必要がない　　　② □ 全然計画的に使えない
③ □ あまり計画的に使えない　　　④ □ 少しは計画的に使える
⑤ □ だいたい計画的に使える　　　⑥ □ 計画的に使える

c. 自立後の生活に向けて、計画的に貯金をすることができていますか？
① □ 貯めなくてもいいと思う　　　② □ 全然計画的にできない
③ □ あまり貯めていない　　　　　④ □ 少しは計画的に貯めている
⑤ □ だいたい計画的に貯めている　⑥ □ 計画的に貯めている

d. キャッシュカードの使い方や手数料について知っていますか？
① □質問の意味が分からない　② □全然知らない
③ □あまり知らない　④ □少し知っている
⑤ □だいたい知っている　⑥ □知っている

e. 通帳、カード、印鑑などを安全に管理する方法を知っていますか？
① □ちゃんと管理しなくてもいいと思う　② □全然知らない
③ □あまり知らない　④ □少し知っている
⑤ □だいたい知っている　⑥ □知っている

IV-2. 働く意義がわかる

a. 施設を出たら生活するのに1か月どれ位のお金が必要かを知っていますか？
① □知りたくない/知る必要がない　② □全然知らない
③ □あまり知らない　④ □少し知っている
⑤ □だいたい知っている　⑥ □知っている

b. 働く必要があると思いますか？
① □働くイメージが持てない　② □働きたくない
③ □あまり思わない　④ □少しは思う
⑤ □まあ思う　⑥ □思う

c. できれば仕事を長く続けたいと思っていますか？
① □働く気はない　② □長く続けたいとは全然思わない
③ □あまり思わない　④ □少しは思う
⑤ □まあ思う　⑥ □思う

d. 自分がなりたい職業がありますか？
① □働く気はない　② □どんな職業があるか知らない
③ □全然ない　④ □あまりない
⑤ □なんとなくある　⑥ □ある
　　　⑤⑥の場合、それは どんな職業ですか？（　　　　　　　　　　　　　　　）

e. アルバイト、契約社員、正社員の違いを知っていますか？
① □質問の意味が分からない　② □全然知らない
③ □あまり知らない　④ □少し知っている
⑤ □だいたい知っている　⑥ □知っている

IV-3. アルバイトができる

a. アルバイトをしたことがありますか？
① □アルバイトをしたくない　② □全然したことがない（1か月未満も含む）
③ □1か月以上した/している　④ □3か月以上した/している
⑤ □6か月以上した/している　⑥ □1年以上した/している

b. アルバイトの探し方を知っていますか？
① □アルバイトをしたくない　② □全然知らない
③ □あまり知らない　④ □少し知っている
⑤ □だいたい知っている　⑥ □知っている

c. 履歴書をひとりで書くことができますか？
① □履歴書を知らない　② □全然書いたことがない
③ □ひとりでは書けず、やめた　④ □手伝ってもらって書いたことがある
⑤ □だいたいひとりで書ける　⑥ □ひとりできちんと書ける

d. アルバイト先で困った時や分からないことがあった時、辞めたい時に大人に相談できますか？
① □相談する気がない/したくない　② □全然相談できない/アルバイトしたことがない
③ □あまりできない　④ □少しできる
⑤ □だいたいできる　⑥ □できる

e. アルバイトの就業時間を守って行動できますか？（遅刻や無断欠勤をしない）
① □守るつもりがない　② □全然できていない/アルバイトをしたことがない
③ □ほとんどできない　④ □少しできる
⑤ □だいたいできる　⑥ □できる

V　経済的自立 B

V-1. 生活に必要な手続きや支払いの知識を持っている

a. マイナンバー制度について知っていますか？
① □全然知らない　② □言葉を聞いたことはある
③ □あまり知らない　④ □少し知っている
⑤ □だいたい知っている　⑥ □知っている

b. 引っ越しをする時、どんな手続きが必要か知っていますか？
① □手続きを必要だと思っていなかった　　② □全然知らない
③ □あまり知らない　　　　　　　　　　④ □少し知っている
⑤ □だいたい知っている　　　　　　　　⑥ □知っている

c. 転送届とは何か知っていますか？
① □全然知らない　　　　　　　　　　　② □言葉を聞いたことはある
③ □あまり知らない　　　　　　　　　　④ □少し知っている
⑤ □だいたい知っている　　　　　　　　⑥ □知っている

d. 水道光熱費（公共料金）が1か月どの位かかるか知っていますか？
① □水道光熱費が何か分からない　　　　② □全然知らない
③ □あまり知らない　　　　　　　　　　④ □少し知っている
⑤ □だいたい知っている　　　　　　　　⑥ □知っている

e. 戸籍や住民票などのとり方や使い方を知っていますか？
① □戸籍、住民票が何か分からない　　　② □全然知らない
③ □あまり知らない　　　　　　　　　　④ □少し知っている
⑤ □だいたい知っている　　　　　　　　⑥ □知っている

f. 支払わないといけない税金を知っていますか？
① □税金の意味を知らない　　　　　　　② □全然知らない
③ □あまり知らない　　　　　　　　　　④ □少し知っている
⑤ □だいたい知っている　　　　　　　　⑥ □知っている
　　④⑤⑥の場合、それはどんな税ですか？（　　　　　　　　　　　　　　）

g. 年金保険とはどういうものか知っていますか？（なぜ払う必要があるか知っていますか？）
① □年金保険という言葉を知らない　　　② □全然知らない
③ □あまり知らない　　　　　　　　　　④ □少し知っている
⑤ □だいたい知っている　　　　　　　　⑥ □知っている

h. 雇用保険とはどういうものか知っていますか？
① □雇用保険という言葉を知らない　　　② □全然知らない
③ □あまり知らない　　　　　　　　　　④ □少し知っている
⑤ □だいたい知っている　　　　　　　　⑥ □知っている

i. 健康保険とはどういうものか知っていますか？（なぜ払う必要があるか知っていますか？）
① □健康保険という言葉を知らない　　　② □全然知らない
③ □あまり知らない　　　　　　　　　　④ □少し知っている
⑤ □だいたい知っている　　　　　　　　⑥ □知っている

j. ハローワークとはどんな場所か知っていますか？
① □ハローワークという言葉を知らない　② □全然知らない
③ □あまり知らない　　　　　　　　　　④ □少し知っている
⑤ □だいたい知っている　　　　　　　　⑥ □知っている

k. 生活保護とはどういうものか知ってしますか？
① □生活保護という言葉を知らない　　　② □全然知らない
③ □あまり知らない　　　　　　　　　　④ □少し知っている
⑤ □だいたい知っている　　　　　　　　⑥ □知っている

l. 利息/利子とはどういうものか知っていますか？
① □利息/利子という言葉を知らない　　② □全然知らない
③ □あまり知らない　　　　　　　　　　④ □少し知っている
⑤ □だいたい知っている　　　　　　　　⑥ □知っている

m. 保証人/連帯保証人とはどんな責任を負う人か、どんな危険があるか知っていますか？
① □保証人/連帯保証人という言葉を知らない　② □全然知らない
③ □あまり知らない　　　　　　　　　　④ □少し知っている
⑤ □だいたい知っている　　　　　　　　⑥ □知っている

n. 求人票の読み方を知っていますか？
① □求人票という言葉を知らない　　　　② □全然知らない
③ □あまり知らない　　　　　　　　　　④ □少し知っている
⑤ □だいたい知っている　　　　　　　　⑥ □知っている

o. クーリングオフの仕組みや消費者センターについて知っていますか？
① □クーリングオフという言葉を知らない　② □全然知らない
③ □あまり知らない　　　　　　　　　　④ □少し知っている
⑤ □だいたい知っている　　　　　　　　⑥ □知っている

自立に向けたチェックシート　集計表1　高校生版 （集計例）

回目（実施日：　年　月　日）　　氏名：　　　　　　（　　　　年生）　※90点満点（①が1点、⑥が6点）

Ⅰ	身体的自立			78／90
	1	基本的生活習慣が身についている		21／24
		a	バランスの良い食事をとっていますか？	5
		b	十分睡眠をとることができていますか？	5
		c	整理整頓できますか？（使ったものを元あった場所に戻していますか？）	5
		d	歯磨き、洗顔を毎日していますか？	6
	2	健康管理ができている		36／42
		a	自分の体質（アレルギー、ぜん息、乾燥肌など）や今までかかった病気を知っていますか？	4
		b	毎日の体調管理（疲れている時は早く寝るなど）ができますか？	5
		c	具合が悪い時（今ある生活が送れそうもないタイミング）に通院できますか？	5
		d	症状に合わせて受診する病院を選ぶことができますか？（内科、皮膚科、歯科など）	5
		e	通院する時に何が必要か（診察券、予約、お金、保険証など）分かっていますか？	6
		f	処方された薬をきちんと飲むことができますか？	6
		g	他人に迷惑を掛けないストレス発散方法を持ち、発散できますか？	5
	3	時間管理ができている		21／24
		a	朝、ひとりで起きることができますか？	6
		b	約束の時間（学校、友人関係、帰園など）を守れますか？	5
		c	自分の予定に優先順位をつけて組み立てられますか？	5
		d	予定外のことが起きた時に予定を変更できますか？	5
Ⅱ	社会的自立			69／90
	1	コミュニケーションがはかれる		19／24
		a	自分の意見や思いを、相手に不快感を与えない言葉を選んで伝えられますか？	5
		b	苦手な人とも話すことができますか？	4
		c	場面に応じて敬語を使うことができますか？	5
		d	学校、会社、地域、社会の中で、ルールを守ろうと思いますか？	5
	2	相談できる人がいる		13／18
		a	分からないことがあった時、人に聞くことができますか？	5
		b	施設の中にすぐ相談できる人がいますか？	4
		c	施設の人以外にすぐ相談できる人がいますか？	4
	3	適切な性の知識を持っている		19／24
		a	妊娠の仕組み（小学校の授業で習う程度の内容）を知っていますか？	5
		b	避妊の方法や性病にかからないための知識をもっていますか？	5
		c	性産業（キャバクラ・ガールズバー・風俗・ホストクラブ）の危険性を知っていますか？	5
		d	自分のプライベートゾーンを守ることができますか？（服装や距離感などにも気をつかえますか？）	4
	4	インターネットの危険性を理解し、危機管理ができる		14／18
		a	インターネット上で本名や住所など個人情報を守りながら利用できますか？	5
		b	インターネット上で知り合った人と気軽に会うことが、危険だと分かっていますか？	5
		c	インターネット詐欺の対処法を知っていますか？	4
	5	社会資源が活用できる		4／6
		a	困った時にあなたをサポートしてくれる機関が3つ以上言えますか？	4
Ⅲ	精神的自立			65／90
	1	親子関係・育成歴の整理ができている		22／30
		a	自分の生年月日、今住んでいる場所の住所と電話番号、親の名前が言えますか？	5
		b	自分の生まれた場所や育ってきた場所を知っていますか？	4
		c	連絡が取れる親、親族、兄弟姉妹はいますか？	4
		d	なぜ児童養護施設に入所しているのか知っていますか？	4
		e	今、自分が施設で生活していることを納得していますか？	5

	2	自己肯定感を持てている		23／30
		a	大変なことやつらいことがあっても、頑張ってやっていこうと思えますか？	5
		b	自分は生まれてきてよかったと思いますか？	4
		c	好きなこと(趣味など)や好きな時間はありますか？	5
		d	自分の居場所だと思える場所はありますか？	4
		e	自分が大切にされた感覚・実感がありますか？	5
	3	自己認知ができている		13／18
		a	得意なことがありますか？	5
		b	苦手なことがありますか？	4
		c	自分の性格や特性が分かりますか？	4
	4	主体的依存ができる		7／12
		a	自分のことを心配したり気にかけてくれる人はいますか？	4
		b	弱音をはける人、安心して話せる人はいますか？	3
Ⅳ	**経済的自立A**			**71／90**
	1	金銭管理ができる		23／30
		a	こづかい帳をつけていますか？	5
		b	お金を計画的に使うことができますか？	4
		c	自立後の生活に向けて、計画的に貯金をすることができていますか？	5
		d	キャッシュカードの使い方や手数料について知っていますか？	5
		e	通帳、カード、印鑑などを安全に管理する方法を知っていますか？	4
	2	働く意義がわかる		24／30
		a	施設を出たら生活するのに1か月どれ位のお金が必要かを知っていますか？	5
		b	働く必要があると思いますか？	6
		c	できれば仕事を長く続けたいと思っていますか？	5
		d	自分がなりたい職業がありますか？	4
		e	アルバイト、契約社員、正社員の違いを知っていますか？	4
	3	アルバイトができる		24／30
		a	アルバイトをしたことがありますか？	5
		b	アルバイトの探し方を知っていますか？	4
		c	履歴書をひとりで書くことができますか？	6
		d	アルバイト先で困った時や分からないことがあった時、辞めたい時に大人に相談できますか？	4
		e	アルバイトの就業時間を守って行動できますか？(遅刻や無断欠勤をしない)	5
Ⅴ	**経済的自立B**			**71／90**
	1	生活に必要な手続きや支払いの知識を持っている		71／90
		a	マイナンバー制度について知っていますか？	4
		b	引っ越しをする時、どんな手続きが必要か知っていますか？	5
		c	転送届とは何か知っていますか？	5
		d	水道光熱費(公共料金)が1か月どの位かかるか知っていますか？	5
		e	戸籍や住民票などのとり方や使い方を知っていますか？	4
		f	支払わないといけない税金を知っていますか？	5
		g	年金保険とはどういうものか知っていますか？(なぜ払う必要があるのか知っていますか？)	5
		h	雇用保険とはどういうものか知っていますか？	5
		i	健康保険とはどういうものか知っていますか？(なぜ払う必要があるのか知っていますか？)	5
		j	ハローワークとはどんな場所か知っていますか？	5
		k	生活保護とはどういうものか知っていますか？	4
		l	利息／利子とはどういうものか知っていますか？	5
		m	保証人／連帯保証人とはどんな責任を負う人か、どんな危険があるか知っていますか？	5
		n	求人票の読み方を知っていますか？	5
		o	クーリングオフの仕組みや消費者センターについて知っていますか？	4

自立に向けたチェックシート　集計表2　高校生版

※　1回目の点数は標準点です

1回目　実施日　　　　　　　年　月　（　年生）

	点数	特徴
身体的自立	78	
社会的自立	69	
精神的自立	65	
経済的自立 A	71	
経済的自立 B	71	

【総評】

2回目　実施時期　　　　　　年　月　（　年生）

	点数	特徴
身体的自立		
社会的自立		
精神的自立		
経済的自立 A		
経済的自立 B		

【総評】

3回目　実施時期　　　　　　年　月　（　年生）

	点数	特徴
身体的自立		
社会的自立		
精神的自立		
経済的自立 A		
経済的自立 B		

【総評】

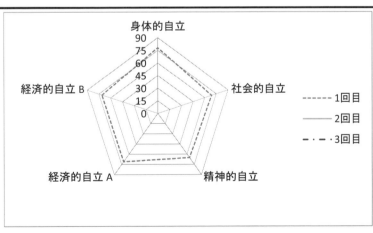

資料4　　　　　　　自立に向けたチェックシート（小学生①）

小学　　年生　名前_____

おとなになるために必要なこと、どれくらいできているかな？
よくできていたら◎、だいたいできていたら〇、あまりできていなかったら△、をつけてみよう

1．体

①食事は毎日楽しく食べることができていますか？　①

②自分がお腹いっぱいになる量は分かりますか？　②

③正しい姿勢やマナーで食事を食べることができますか？　③

④自分でお風呂で体を洗ったり、毎日歯磨きをしたりする　④

　ことができますか？

⑤お片づけをきちんとすることができますか？　⑤

⑥気分や具合が悪い時には、大人に言うことができますか？　⑥

⑦夜、よく眠れていますか？　⑦

⑧トイレに行きたい時に、間に合うように動くことができますか？　⑧

⑨外で遊ぶことは好きですか？　⑨

⑩お箸や鉛筆を正しく持ったり、使うことはできますか？　⑩

⑪「プライベートゾーン」を知っていますか？　⑪

2．社会

①思ったことをハッキリと言えますか？　①

②あいさつ（おはよう・いただきます・ありがとう・ごめんなさい、など）　②

　が言えますか？

③お友達はいますか？　③

④周りの人にやさしくできますか？　④

⑤病気の時以外、毎日楽しく学校に行くことができていますか？　⑤

⑥学校に行く準備を自分でしていますか？　⑥

⑦学校の宿題をすることができていますか？　⑦

⑧隣りの席の子や同じ班の子たちと仲良く協力できていますか？　⑧

⑨学校での係活動をやっていますか？　⑨

⑩勉強は楽しいと思う時がありますか？　⑩

⑪時計を見て、何時何分か言えますか？　　　　　　　　　　　⑪

⑫出掛ける時は、どこに行くか大人に話し、約束の時間に　　　⑫

　　帰ることができていますか？

⑬大人や先生に言われたことを守ることができていますか？　　⑬

⑭他の人の物には、勝手に触らないようにしていますか？　　　⑭

⑮勉強をしていて、楽しい、面白いと感じる時がありますか？　⑮

⑯負けた時に、「次はがんばろう」と思うことができますか？　⑯

3．心

①自分の誕生日を言えますか？　　　　　　　　　　　　　　　①

②家族は、誰と誰がいるかを知っていますか？　　　　　　　　②

③あなたが施設に来た理由を知っていますか？　　　　　　　　③

④自分が大切にされているなと思えたことはありますか？　　　④

⑤好きなこと、楽しみにしていることは、ありますか？　　　　⑤

⑥自分の良いところはたくさんありますか？　　　　　　　　　⑥

⑦自分の思い通りにいかないことがあることを知っていますか？　⑦

⑧困ったときに話せる大人はいますか？　　　　　　　　　　　⑧

4．お金

①買い物ができますか？　　　　　　　　　　　　　　　　　　①

②お金に種類があることを知っていますか？　　　　　　　　　②

③自分のおこづかいの金額を知っていますか？　　　　　　　　③

④「貯金」を知っていますか？　　　　　　　　　　　　　　　④

（2）生活支援

「職業体験について」

クリスマス・ヴィレッジ　新井　隆徳

≪はじめに≫

　2008年に自立支援指導員として働くことになり、何から始めていいのかわかりませんでした。当時の施設長から「先ず、職業体験から始めたら」と他施設の職業体験の取り組みの資料をいただきました。それ以降、ずっと継続して毎年夏に中学生に職業体験を行っています。その間、気付いたこと、感じていることを述べさせていただきます。

　今では様々な支援団体から、児童養護施設の子どもの自立のためにと職業体験の案内が送られてくるので、施設職員はそこに申し込むことで子どもに職業体験をさせることができます。特に都内では、LC委員会での支援団体からの案内も多く、簡単に職業体験をさせることができます。職員はそれが一般的であり常識であると感じていると思います。ただ、その職業体験をさせるまでの前段階がとても重要で、子どもと一緒に①職業体験先を探す②そのやりとり③なぜ体験させたいのかという体験先への説明などの段取りが、子どものために動き、汗をかくことになり、学ぶことが沢山あります。今まで職業体験を試行錯誤しながら行ってきた方法や取り組み方について報告したいと思います。

≪取り組み≫

① 職業体験事前説明会

　6月上旬に職業体験事前説明会を行い、以下の説明をします。

```
３つの大切なこと　挨拶・返事・笑顔

①　どんな仕事をしてみたいか考えよう
②　お仕事体験先を決めよう
③　電話をして体験先に申し込もう
④　仕事先に挨拶に行こう
　　（体験日を決める、どんなことをするのか聞く、何が必要なのか聞く）
⑤　仕事体験開始（実習日誌を書く）
⑥　お礼状を書こう（直ぐ書く）
⑦　お礼のあいさつに行こう
```

実践報告

❷ 職業体験の実施（夏休み中）

❸ 職業体験発表会

9月上旬ころに職業体験発表会を行い、以下のアンケート内容に沿って報告します。

---

① 何をしましたか？
② どう思いましたか？
③ 何日間しましたか？
④ 次回は何をしたいですか？
⑤ 大変だったことは何ですか？
⑥ 楽しかったことは何ですか？
⑦ 教えてもらったことは何ですか？
⑧ 他に感想があれば書いてください

≪考 察≫

　職業体験をする意義について、単純に「社会性を身に付けるため」と漠然と考えていましたが、子ども一人ひとりから職業体験終了後に話を聞いたり、体験現場の指導された方にお聞きすると、当初の考えとは全く違う結果が表れてきました。
　①関わりをもつということの難しさを知る子
　②園内生活では見られなかった社会性や積極性を発揮する子
　③職業の大変さを感じる子
　④希望の職業体験をすることでさらに関心を深める子
　⑤希望の職場を体験することで自信がつき「やっぱりこっちの方が良いなぁ」と就職の選択肢が広がった子
など園内では見られなかった一面が、次々と表れて非常に驚きました。
　職業体験は子どもにとって意義があり、「できること探し」や「役に立つ体験」「自信を与えてくれる体験」など、いろいろなものを与えてくれたと感じています。職業体験をすることで、その子自身及び職員が、その子のライフデザインを描くきっかけにもなりました。うまくいった時に子どもも職員も共に「やったー」と喜ぶ「やったー体験」や「してあげる体験」「してもらう体験」を通して、子どもとの関係構築のきっかけになります。それは、職員の必須業務であると言っても過言ではありません。児童養護施設で職業体験を実施するということは、子どもが生きていく上でとても重要であるとともに、職員が職業体験を子どもと一緒にはじめの一歩から行うことで、職員のやる気を培い人材育成にも繋がっていると感じています。
　職業体験とは、ある意味「人間体験」なのかもしれません。いろいろな大人と出会い、そこでの人間関係を知り、地域の大人と接することによって「褒められ」「励まされ」「何気ない一言が自信になったり」「指摘されたり」自分の将来を見つめ直す機会になると思います。

（2）生活支援

「自活訓練（体験）の有用性について」

聖ヨゼフホーム　佐々木　国雄

≪はじめに≫

　毎年、高校生を対象に社会的自立に向けた支援の一環として自活訓練に取り組んでいます。開始当初は高校3年生のみを対象としていましたが、自活訓練の有用性から現在では高校1年生から対象としています。

≪取り組み≫

① 構成メンバー

　COが委員長を務める自立進路委員会メンバー6名
（CO、栄養士及び男児棟・女児棟・幼児棟・GHより1名）

② 取り組みの流れ

　高校1年生　　　：事前オリエンテーション⇒先輩（高校2・3年生）からの体験談⇒自活訓練実施⇒個別の振り返り⇒振り返りグループワーク

　高校2・3年生：事前オリエンテーション⇒自活訓練実施⇒個別の振り返り⇒振り返りグループワーク

　自活訓練開始前には必ず事前オリエンテーションを実施し、約束事などの確認を行います。高校1年生には自活訓練のイメージを持ってもらうため、先輩（高校2・3年生）からの体験談を聞く機会を設けています。個別の振り返りは子どもの担当職員と構成メンバーで行います。またクール終了毎に高校生全員で振り返りグループワークを行い、意見交換する場を設定しています。作った料理については、全て栄養士がコメントを入れてアドバイスもしています。

③ 訓練期間

　年間を通して2クールに分けて実施しています。但し、高校1年生については1クールのみとしており、希望者がいれば2クール目も実施していく形をとっています。

	1クール	2クール
高校1年生	2泊3日	希望する子どもがいれば実施
高校2年生	3泊4日	6泊7日
高校3年生	6泊7日	2週間

④ 準備した物

　子どもそれぞれに「自活訓練の書」ファイルを用意して、その中に「自活訓練の約束事」「毎日やることチェック表」「食費出納帳」「献立表」「振り返りワーク」をファイリングして子どもに渡しています。また自活訓練費については、1日当たり1,000円の食費を渡し、作った料理は写真を撮るようにしています。

⑤ 他の児童養護施設との連携

　近隣の児童養護施設と連携して、他施設の子どもに対して自活訓練室を提供しています。今後は逆の形で他施設の自活訓練室を利用していくような取り組みもしていきたいと考えています。

≪考　察≫

　聖ヨゼフホームは2005年4月に自活訓練棟を開設し、自活訓練を実施してきました。子どもたちの自活訓練の振り返りをしていくと様々な気付きがありました。一日当たり1,000円の食費をどうやりくりして使うのか、事前にオリエンテーションで説明をしていても、やはり子どもは子ども、お菓子を購入したり、沢山の飲み物を購入していたりと様々です。買い物に関しても、一回の買い物で済ます子どもや、毎日スーパーに出掛けて購入する子ども、いかに食費を切り詰めて生活しようと考えながら購入する子どももいます。また集団での生活では見えていなかったことが、自活訓練をすることで見えてくる部分も多くありました。集団での生活では生活力があると思っていた子どもが、実は生活力が弱く、逆に「この子、自活訓練大丈夫かな」と思っていた子どもに生活力があったと気づかされました。高校生全員で行う振り返りグループワークでは、子どもたちがそれぞれの「自活訓練の書」を交換し、意見交換しています。作った料理の写真を見て「凄い！」「美味しそう！」など感想を伝え合い、特に女の子同士は、「次はあの子よりも・・・」とライバル意識が芽生えたりもしています。また、子どもは、自分が作った料理に対して栄養士からもらえるコメントをとても楽しみにしており、評価してあげることで、食への関心「食育」に繋がっていると感じています。子どもたちにはこの自活訓練で「多くの失敗を経験しなさい」と伝えています。失敗を失敗と捉えるのではなく、失敗の積み重ねが次への成功に繋がり、そして社会的自立をした時に「あの時の自活訓練は・・・」と思い返せるようになってほしいと願っています。また、自活訓練は、単に社会的自立のために生活力をつけることではなく、子ども自身が普段賑やかな声が飛び交う環境から、独りしかいないという環境で寂しさを体感してもらう機会でもあると感じています。実際に子どもたちからも「寂しい」「独りでつまらなかった」「することがない」などの発言もありました。そのためにも自活訓練を高校1年生から開始し、多くの失敗と成功体験を重ね、少しでも不安を無くすこと、そして一人暮らしは自由であるが大変であることを実感してもらうことが、この自活訓練の有用性であると考えて取り組んでいます。

（2）生活支援

「基礎学力をつけるための学習支援」

聖友学園　秋山　英子

≪はじめに≫

小学生の基礎学力の習得を主な目的として、外部団体を利用した算数と国語（漢字）学習に取り組んでいます。

≪取り組み≫

施設入所児童に対する学習支援を抜本的に見直し、日常的な学習支援に加え、施設として2004年6月より公文（算数）を導入、2015年より施設を準会場として申請し、漢字検定を実施しています。

① 公文（数学）

（1）日常的な公文学習

公文（算数）は基礎学力の習得、学習の習慣化を目的とし、原則小学生は実施し、中学生以上は任意として、中学生や高校生も取り組んでいる時期もありました。毎年12～30名程度が学習しています。週5日間毎日5枚を基本としてそれぞれの子どもの計画を立て、ケア職員及び学習専任職員による学習室学習という体制をとっています。

（2）公文マラソン

毎年8月末（夏休み最終日）には公文マラソンと称し、1時間から3時間通しての公文学習をしています。対象は主に小学生です。目的としては、長時間（小学1・2年生は1時間、小学3・4年生は2時間、小学5・6年生は3時間）学習を続けることにより、一つのことを自分の力でやり遂げたという充実感や達成感、自信を持たせること、長時間集中して取り組むことにより、各自のモチベーションを高め、長期休業の緩んだ気分を切り替え、今後の学習に向けての意欲を沸き立たせるきっかけとすることとしています。

② 漢字検定

漢字検定は2015年に計3回延べ16名、2016年11月現在計2回延べ14名、小学4年生から高校3年生までが受験しました。受験は希望者のみとし、ケア職員とCOが連携して、適宜そのための学習教材の提供や学習支援もしています。

≪考　察≫

　公文教材の利用による学習は、集中力のアップや、学校で計算の正確さと速さで評価を受ける子も増え、学習面だけではない自信に繋がっているように思われます。

　導入して５年目頃からは、それらに加え、子どもたちが学習することに価値を見出し、自主的に取り組む姿勢を見せるようになってきました。学習専任職員を置き、生活の部屋だけでなく学習室に集って学習できる環境を整えたところ、競争意識も芽生え、集団での相乗効果もあり、意欲も上がりました。

　反面、長く取り組んでいると、公文導入当時のことを知らない職員が増えてきて、ケア職員による日常的な支援が不足してくるという課題も見えています。さらに2010年頃からは、学力が弱い子、落ち着いて座っていられない子が増え、従来のやり方から、よりその子どもレベルを見極めて復習を繰り返す工夫が必要になりました。

　現在は、不登校や学習自体にストレスを抱えている子どもも多いので、継続する難しさや、支援のさらなる工夫が必要になりましたが、不登校児の学習課題として進めるケースもあり、積み重ねによる効果はあると感じています。

　漢字検定については、簡単な級から受験し、合格した子どもは次の検定も受験する場合も多く、公文同様学習意欲の向上の効果も感じます。施設内で検定を実施できるので、年齢的あるいは社会性に乏しく、外部会場に行くこと自体に困難さがある子どもでも、気軽にチャレンジできるというメリットもあります。

　このように、学習形態は子どもの状況によってさまざま工夫が必要ですが、いずれにしても継続した学習支援はよい影響をもたらすものであり、その支援の必要性を施設職員が理解することで、継続的に取り組んでいけるものだと思います。

（2）生活支援
「セカンドステップの実践」

赤十字子供の家　大野　由花

≪はじめに≫

　当園は幼児施設であり、現在、幼児・小学校低学年の子どもが在籍しています。特徴として、医療ケアが必要な児や発達に偏りが見られる児、家庭復帰や里親委託を目指すケースなどを多く受け入れています。

　2013年にCOが配置されることになった際、将来の自立に向けて幼児期から取り組めることは何か？と議論した結果、被虐待児の増加とともに対人関係形成や感情のコントロールに課題を抱える児が増えていることに危惧を覚え、感情の育みやコントロール、安全で適切な表現方法を身に付ける取り組みが、将来の自立には必須と考えました。また、以前から導入していたCAP（Child Assault Prevention 子どもへの虐待防止プログラム）と合わせて、幼児期から「権利」や「感情」について丁寧に取り扱い、気持ちの上での安心安全を担保していく必要があると考え、園としての取り組みとして始めました。

≪取り組み≫

　子どもの内面への気付きや適切な表現、コミュニケーション・ソーシャルスキルの向上、自己肯定感を育むことをめざすものであり、「相互の理解」「問題の解決」「怒りの扱い」を軸とした年間20回ほどのプログラムを組んでいます。幼稚園児はロールプレイを行えるよう配慮し、また必要な子どもには個別での取り組みを行っています。

　生活の場におけるセカンドステップを中心に行うこととし、ケア職員とも共有しながら行っています。ケア職員と内容の共有ができるように、「セカンドステップ通信」を配布しています。

【毎回のテーマに沿って、居室で行っている内容】
- ・パペットでの人形劇
- ・レッスンカードを見ながら、それぞれの気持ちやどうしたら良いかを一緒に考える
- ・表情カードを使ったゲーム
- ・子ども同士、または子どもと大人で、パペットを利用するなどしてロールプレイ
- ・テーマに関連した絵本読み聞かせ
- ・身体を使った遊び、ゲーム（自己統制や感覚統合の要素も含む）
- ・怒った時に身体がどうなるか、色塗りなどのワーク

≪考　察≫

　セカンドステップのプログラムとしての大きな目標は「暴力防止」＝子どもが加害者にならないためのプログラムです。しかし、実践してみて強く感じたことは、施設に入所してくる子どもたちにとって、「暴力ではなく言葉で言おう」という目標が、いかに難しいかということです。被虐待児が増加の一途を辿る中、既に養育者からの様々な「侵入」を経験していたり、暴力で物事が解決されるといった環境で育ち、誤学習している子ども、そもそも「感じる心」をシャットアウトすることで虐待環境をくぐりぬけてきた子どもも少なくないことを目の当たりにしたのも事実です。こういった子どもたちは、自分の感情の揺れや今どんな気持ちになっているかへの気付きも鈍いことが多いと感じさせられます。

　セカンドステップのやり取りでは、子ども自身が感じていることや考えを、肯定も否定もされず「受け止める」ことを目指しています。これはまさに、安心して自分の気持ちを言える、自分自身を表現するようになることをサポートするものであり、そういった経験が乏しかった子どもたちにとっては、まず生活の中でそういったことを繰り返し保障していくことが必要なのだと思います。他者の気持ちを理解する前に、「自分の気持ち」を大切に扱ってもらえること、否定されずに受け止めてもらえる経験を積むことで、自己肯定感を育むこと、それが同時に他者の気持ちを考えること、感情のコントロールのベースとして繋がっていくものなのだと思います。

　このプログラムは、即効性のあるものではないので、目に見える効果として挙げるのは難しいですが、「子どもたちに何を伝えたか」よりも、むしろ「職員が現状の子どもたちをどう理解し支援していくか」といった視点から、日々の支援のヒントに繋げるという意味で一定の役割を果たしていると思われます。また、ひとつのプログラムとしてというよりは、生活支援の中での職員のスタンスや支援の意味合いを考えることに大きな意味があると感じています。

（3）進路支援

「施設内進路支援体制について」

広尾フレンズ　松本　ゆかり

≪はじめに≫

　年長、小6、中3、高3（4）の進学等節目に当たる学年については、「進路ケース」として、担当職員・チームで抱え込まず、施設として支援できるよう体制を作っています。

≪取り組み≫

1　進路会議

・進路ケースについては、必ず年度初め（途中入所時は直ぐ）に年間のスケジュールを共有できるよう、進路進捗表を担当職員が作成し、専門職が確認・助言する他、児相へも流れを共有するために自立支援計画と一緒に送付しています。

・担当職員、副施設長、基幹的職員、FSW、CO（ケースによっては担当心理職や治療指導員を含む）で進路会議を実施しています。

・進路会議は、進捗状況を確認しながら担当職員とCOで相談し、COがコーディネートして実施しています。基本的にはケース毎に実施をしていますが、同じ学年の他ケースを知ってもらうために一緒に実施することもあります。

・日程が合えば、施設のスーパーバイザーに入ってもらい、様々な視点から考えられるようにしています。

2　進路面談

・必要に応じて子どもとCO、子どもと担当職員とCOで面談を実施し、生活の中でのやり取りでは子どもが向き合えない課題等について話をしています。

≪考　察≫

　進路ケースは、担当職員が抱え込みすぎてしまうことも少なくありません。しかし、進路会議を実施することで、専門職とも進捗状況や課題を共有し、様々な視点から考える機会になります。そのことで、進路ケースを初めて担当する職員でも抱え込まずに進めていくことができ、専門職に相談しやすい環境ができ、抱え込みすぎることがないように専門職もサポートに入りやすくなったりしていると思います。

　面談についても、生活から切り離し、ゴール設定を明確にして課題等について第三者が入って話をすることで、改めて子どもと担当職員とで考え、仕切り直しができていると感

じています。

　日々の生活でのやり取りの中だけで進路を進めていくと、情報共有がしにくくなることや、子どもと担当職員との間でのやり取りが困難になることも出てきます。しかし、年間のスケジュールを確認しておきながら、必要に応じて進路会議や進路面談をすることにより、進路に向けたより良い支援が施設としてできるのではないかと考えています。

(例) 専門・大学進学バージョン

年度（　　　）　名前（　　　　　　）　進路進捗表

時期	進路（学校見学・出願等）	本児・園の動き	児相・家族・地域の動き	奨学金	外部プログラム
4月	学校説明会	本児への意思確認（住居等）／進路会議（年間の流れ共有）／進路面談（本児との年間の流れ確認）	※毎月児相へ近況連絡送付		※外部プログラムに参加予定の場合は事前に児童と確認の流れにおき、予定に組み込んでおく。
5月		※必要に応じて随時、自立支援室の利用について検討、実施／模試	福祉司面会（7月までに）	※申請を考えている奨学金について児童と確認しておき、記入していく。	
6月	・専門AO入試エントリー	本児への意思確認（進学校等）／進路会議（現状共有・保護者関係の確認）	関係者会議（引取り確認含め）※専門の場合は保証人等についても共有		
7月		進路面談（学習状況確認等）	※誕生日月には措置延長		
8月	・専門出願・合否・手続き	模試／夏季講習			・外部プログラム参加
9月	・センター試験出願	進路会議（受験校確認）			・外部プログラム参加
10月	・私立推薦出願／・国公立推薦出願	模試			・外部プログラム参加
11月	・私立推薦合否・手続き	冬季講習／進路会議（最終受験校確認等）※専門の合格が出ている場合は部屋探しスタート	関係者会議（保証人等について共有）		・外部プログラム参加
12月	・センター試験（センターを課さない）国公立推薦合否	進路面談（受験、受験後の流れについて確認）			・外部プログラム参加
1月	・センター試験／・入試（センターを課さない）国公立推薦合否	住居探し・手続き（措置延長を考えるながら）			・外部プログラム参加
2月	・入試（センターを課す）国公立推薦合否	引っ越し・卒園式			
3月	・合否・手続き	国保等手続き（4月以降の生活に向けて）	福祉司面会（4月以降の生活に向けて）		

（3）進路支援

「高校生会について」

東京家庭学校　前田　由美子

≪はじめに≫

　月1回のペースで「高校生会」を開催しています。高校生が集まり、グループワーク形式や講師を迎えての学習など、自立に向けて必要なことについて取り組む場としています。

≪取り組み≫

　①COがプログラムを計画する。
　②取り組みの主体は高校生とする。

【プログラム】
6月　　バーベキュー大会
　　　　　　メニュー、買い物、交通手段の選択など、グループごとに計画する
　　　　　　当日もグループごとに準備して、バーベキューを楽しむ
　　　　　　本園とグループホームの交流も兼ねている
7月　　インターンシップに向けての準備
　　　　　　インターンシップについての説明
　　　　　　ブリッジフォースマイルとの協働による「インターン先でのマナーについて」
8月　　インターンシップ
　　　　　　各担当職員にも協力してもらい、インターンシップを体験する
9月　　マナーシリーズ「自分を知る」
　　　　　　エゴグラムによる性格診断を利用し、自身の性格や職業適性などを知る
10月　　マナーシリーズ「まわりを不快にさせないマナー〜生活編〜」
　　　　　　生活の中でまわりに不快な思いをさせないために何をすればよいか意見を出し
　　　　　　合い、グループごとにポスターをつくる
11月　　マナーシリーズ「まわりを不快にさせないマナー〜公共編〜」
　　　　　　公共の場で必要なマナーについて振り返る
12月　　マナーシリーズ「ネット犯罪・ネットマナー」
　　　　　　ブリッジフォースマイルとの協働
1月　　進学について
　　　　　　奨学金、進学を選択する際に必要な心もち、などについてレクチャー（予定）
2月　　調理実習・先輩に話を聞く
　　　　　　調理実習を行い、その後先輩を招いて退所後の話を聞く（予定）
3月　　資生堂社会福祉事業財団が実施している「巣立ちフェスティバル」に参加

実践報告

≪考　察≫

　高校生会を毎月の取り組みとしてスタートさせて３年目を迎えました。自立に関する事項について、毎月のテーマを決めてプログラムを計画しています。ブリッジフォースマイルの方々にも協力していただき、体験しながら身につくような内容を考えています。

　まずは、「高校生がどのくらい参加できるかについて」がポイントになります。以前の高校生会の活動については、「携帯電話をもつためにはどうするか」「アルバイトをするためには何が必要か」など高校生からの要望を話し合う場として、また、施設長からの話を聞く場として必要に応じて招集していました。回数としては年に１回程度でしたが、それを毎月の活動とすることで、参加の意識づけが必要となりました。そこは、各担当職員にも協力を得て参加を促してもらい、さらに施設長や主席など施設全体で関わっていこうという共通認識をもち、高校生会の運営を行っています。

　また、参加する高校生については、「自立」ということを意識してもらいます。

　講義を聞くだけ、プリントを読むだけという内容ではなく、高校生が自主的に活動できるようなプログラムを計画しています。プログラムの内容については、毎回必ず自立に必要なスキルにつながるような取り組みとしています。「自分で考えて、自分で決めて、自分で行動する」ということを念頭において、具体的な内容を決めていきます。内容といっても、初めと終わりを決めるくらいのものにして、過程については高校生自身で作ってもらっています。参加している大人（CO・担当職員・施設長・関係機関の方など）は、話していることをまとめたり、意見が出るよう促したりするファシリテーターとしての役割を担っています。

　高校生会は高校生同士の横の繋がりにも一役買っています。日頃、他寮舎や他ホームの子ども達との交流はほとんどなく、年に数回の行事で顔を合わせる程度です。高校生会の年度初めの活動には、交流を目的としたプログラムを計画するようにしています。一緒に活動することで、自立についての情報交換をしている姿が見られることがあります。「今度、就職面接に行くんだー」「一人暮らし大丈夫かなー？」など近況や不安などを報告し合って、お互いのことを気づかう場面があります。

　今後については、参加する高校生メンバーを考慮しながらプログラムを計画していきたいと考えています。メンバー同士の関係性や能力などに則して、「自分で考えて、自分で決めて、自分で行動する」ということが多く体験できるようにしていきたいです。施設全体での共通認識をもつことにより、活動が継続できていると考えているので、さらなる意識向上を目指し、よりよい活動となるようにしていきたいです。

（3）進路支援

「高校卒業後の上位校進学への支援」

まつば園　平山　展子

≪はじめに≫

　当施設では、年々上位校への進学率が高まる一方、四年制大学への進学者はほとんどおらず、子ども達の中にも四年制大学進学に対してどこか諦めの文化が浸透していました。そのため、子ども達に対して、奨学金の説明をはじめ、具体的な資金シミュレートの提示などを行ってきましたが、同時にロールモデルとなる子どもの存在は欠かせないと考えていました。そんな時、高校２年生のAさんが、「大学に進学したい」という希望を抱いていることを知り、担当のケア職員と共に、大学進学の実現に向けた取り組みが始まりました。

≪取り組み≫

① 奨学金の説明

　当施設では、高校生全員に対して、COによる奨学金や各種助成金の説明を実施しています。その際、COグループで作成した「奨学金ハンドブック」を活用しており、担当のケア職員も同席のもとで説明を行っています。そして、具体的に進学を想定した資金シミュレート表を作成し、貯金（アルバイト）の目標金額の設定なども行っています。

　上記の高校生Aさんに対しても、大学進学を想定した資金シミュレート表の作成を繰り返し行い、様々な状況を想定した資金計画を立てる中で、目標を明確にしてきました。

② ケース進行管理

　進学を希望する子ども達については、担当のケア職員と共に、COも参加した進路面接を定期的に実施します。話し合いの度に進学への意向が揺らいだり、時には挫折しそうになる子ども達に対して、ケア職員と共に寄り添いながら、子ども達の自己決定を大切に伴走していきます。そして、各種奨学金の取りまとめや受験も含めた進路支援の進行管理を行います。そこで大切にしているのは、進路支援の中心を担うのはケア職員であり、COはあくまでケア職員のバックアップをする存在であるということを忘れないことです。

　時には、子どもとケア職員が衝突することもあります。そんな時は、COがケア職員の思いを代弁して子どもに伝えたりすることもあります。Aさんのケースでも、Aさん、ケア職員、COでの話し合いを幾度となく重ねました。そのなかで、「大学を諦めて二年制の学校への進学を考えたい」という言葉が何度となく聞かれ、その度にAさんや職員も時に涙を流しながら話し合いを重ねてきました。同時に、二年制の学校の見学なども行い、

Aさん自身が自己決定できるように状況を整える支援も行いました。

❸ 関係機関との連携

園内での進学支援と同時に、活用できる社会資源の開拓や関係機関との連携にも力を入れており、支援の幅を広げることができるように努めています。そのためには、CO自身が常にアンテナを張り巡らせ、そして、多くの資源の中からそれぞれの子ども達に必要な資源が過不足無く行き届くような「ハンドメイド」の支援を心がけています。たとえば、Aさんのケースでは、Aさんが進学を希望する大学を何度となく訪問し、そして大学の先生とAさんが話をする機会を設定するという取り組みを複数回行ってきました。そのなかで、Aさん自身の中にも、「この大学に進学したい」という気持ちが強くなり、受験へのモチベーション維持に繋げることができ、Aさんは大学合格の夢を掴み取ることができました。また、その取り組みが、のちに生活の場所の決定にも繋がったのです。

❹ 生活の場所

高校卒業後の上位校進学を考える際、当然、生活の場所を考えることもとても大切であり、資金計画にも大きな影響を与えることは言うまでもありません。現在、都内では学生向けシェアハウスの新設や学生寮の無償提供など、進学を志す子どもたちへの支援が広がりつつあります。進学を目指す子ども達には、上記の選択肢の紹介を行うと共に、高校卒業後の措置延長についても積極的に検討するようにしています。当然、スムーズに了承されるケースばかりではありませんから、措置延長を必要とする根拠を明確に示すため、子どもの自立度を項目ごとにまとめた資料や、措置延長後の支援計画書を作成するなどし、資金シミュレート表と共に児童相談所と協議を行っています。Aさんの場合にも、一年間の措置延長を具申し、協議を重ねてきました。しかしながら、結果的には措置延長は認められず、突然の措置解除が言い渡されました。そのため、退所後の生活場所が決定するまでの数ヵ月間は、Aさんと施設との私的契約（措置外）というかたちで生活を継続し、安心できる生活場所が決定した段階で施設を退所しました。

≪考　察≫

進学支援について、Aさんの事例を交えながら施設での取り組みを記しました。COが配置されて以降、施設の中に点在していた進学支援に関する情報が一本化され、全ての子ども達に過不足無く情報を提供できる状況が整いました。施設内での支援の標準化にはまだまだ課題は多くありますが、Aさんの大学進学を機に、少しずつではありますが子ども達の中の進学に対する思いが変わりつつあることは明らかです。同時に、マイナスイメージが強かった措置延長に関しても、Aさんのケースを通して、前向きな選択として子ども達の中に浸透している空気を感じています。そして何より、子ども達が進路決定に苦悩し、時に挫折しそうになりながらも、ケア職員の伴走のもとに自己決定を行い、夢を掴み取る姿から私達が学ぶものは測り知れないと感じています。

（3）進路支援
「奨学金ハンドブック作成にあたって」

自立支援コーディネーターグループ　1ブロック

1 作成に至った経緯

　奨学金をはじめ、進学に関係する各種支度金等の情報については、COが配置されて以降、その窓口が一本化されたことで、施設内での情報の共有や子どもへの伝達がよりスムースに行えるようになったという変化を感じていました。

　一方で、他施設のCOとの情報共有を重ねるうちに、各施設が有している情報にばらつきがあるということも見えてきました。

　そこで、「それぞれが有している情報の共有を行い、全ての子どもに等しく情報を提供できるように」との思いから、ハンドブック作成が始まりました。

2 内容について

　ハンドブックの内容は主に各種奨学金等に関する情報が中心となっています。それ以外にも、措置延長制度に関する説明、奨学金の管理委託などに関する内容も掲載しています。

　これまでの進路支援での経験、トラブルとなってしまったケースなどを各施設のCOが持ち寄り、その中から事前に子ども達に丁寧に説明する必要がある事項を挙げ、それらをハンドブックにちりばめました。

3 活用方法

　ハンドブックは、高校卒業後の進学を希望するかどうかに関わらず、全ての子どもに対して提供することを目的として作成しています。提供時期については、中学生から高校入学時頃を目安にしており、それぞれの子どもの状態に応じて最適な時期に提供することを想定しています。

　そして、大切にしているのは、その提供方法です。ただ単にハンドブックを手渡すということではなく、子どもを中心に、必ず担当のケア職員に同席してもらった上で、COが内容の説明をしていくという形を基本としています。ケア職員に同席してもらうことにより、情報を共有するということだけでなく、担当のケア職員と子どもが、ハンドブックを介して進路のことについて共に考え、話をする機会になります。

　奨学金の助成内容等に変更があった場合や、新たな奨学金制度の設立などの情報については、その都度内容を見直しています。

資料5

奨学金ハンドブック

高校卒業後の進路について考えてみよう

〜進学編〜

高校を卒業した後の進路について、一緒に考えてみましょう。

いくつかの選択肢があると思いますが、

大まかには、

『進学をするか』『就職をするか』という二つが思い浮かびますね。

ここでは、『進学をする』ということについて一緒に考えていきます。

Q1

専門学校・短大・大学

それぞれどう違うの？

実践報告

専門学校・短大・大学の違いって？

『専門学校と短大、大学って、具体的には何が違うの？』そんな疑問を解消するために、まずはそれぞれの学校の特色について見ていきましょう。

専門学校って？

Q．1　専門学校・専修学校ってどんな学校？

学校教育法で定められた専修学校のうち、専門課程を持つものを専門学校といいます。
専修学校は、授業時数・教員数や施設・設備などの一定の基準を満たしている場合に都道府県知事の認可を受けて設置され、実践的な職業教育・専門的な技術教育を行う教育機関として、多岐にわたる分野でスペシャリストを育成しています。
各種学校も専修学校と同様に学校教育法で定められた正規の「学校」であり、私立各種学校は都道府県知事の認可を受けています。専修学校との違いは、授業時数・修業年限、入学資格などの設置基準によります。

Q．2　就職に強いってホント？

専門学校は、卒業後、社会において即戦力として活躍できる人材育成を行っており、一般的に、不況に強いといわれています。また、専門学校の場合は、インターンなどの研修・実習の機会も多く、学ぶ学科は職業に結びつく教育が基本で、その意味で就職に強いといえます。
一方で、専門的な分野を取り扱うという特色上、就職先の分野によっては融通が利きづらいという点はよく理解しておかなければなりません。

Q．3　専門学校でとれる資格は？

栄養士、調理師や保育士などのように、必要な単位を取得すれば、卒業と同時に資格取得できるものと、自動車整備士、看護師、理学・作業療法士、理容師、美容師など、卒業と同時に受験資格を取得できるもの、測量士、第2種電気主任技術者など、専門学校卒業後、一定の実務経験を積んで資格を取得できるものがあります。

Q．4　専門学校の専門の学科って？

専門学校には、大きく分けて8つの分野があり、さまざまな学科が設置されています。
①工業分野（情報処理、自動車整備、土木・建築、電気・電子など）
②農業分野（農業、園芸、畜産、バイオテクノロジーなど）
③医療分野（看護、理学・作業療法、柔道整復、歯科衛生など）
④衛生分野（美容、理容、調理、製菓・製パン、栄養など）
⑤教育・社会福祉分野（介護福祉、保育、社会福祉、幼児教育など）
⑥商業実務分野（経理・簿記、秘書、経営、観光、ホテル、医療事務など）
⑦服飾・家政分野（和洋裁、服飾、ファッションビジネスなど）
⑧文化・教養分野（グラフィックデザイン、音楽、美術、法律行政、スポーツ、演劇、映画、英語、通訳 翻訳など）

Q．5　専門学校にかかる費用ってどれくらい？

それぞれの学校によってかかる費用が大きく違うのも、専門学校の特色の一つです。一年間の経費が50万円以下の学校もあれば、300万円を超える学校もあるのです。また、学費の他に、実習費や材料費などまとまった経費が別途必要となることがほとんどです。例えば、調理系の学校では包丁一式、理容・美容系の学校ならばハサミセット、デザイン系の学校ではパソコンと専門ソフトなど、数十万円程度の費用がかかることを視野に入れておく必要があります。

短期大学って？

Q. 1　短期大学ってどんな学校？

読んで字のごとく「短期」の「大学」で、短期間のうちに、教養科目と並行して専門科目や実学的な科目を学ぶための学校です。大学に比べて実習時間が多く、机に向かっての勉強とともに、実際に体を使っての実習によっても知識や技術を覚えていくため、卒業と同時に即戦力として働ける力を身につけられます。

大学と専門学校の良いところをあわせ持つ短期大学は、短期集中で資格を取得し、卒業と同時にその資格を活かして活躍したいという人にはうってつけの学校かもしれません。一方で、短期間で凝縮した学びを吸収するということなので、四年制大学に比べると、タイトなスケジュールになります。

Q. 2　就職率は？

短大生の就職率は80.8％[1]となっていますが、卒業後に就職先が決まるケースもあるため、実際にはもう少し高い数値となります。

最近は短大生に限定して採用枠を設定する企業が減る傾向にある一方、一般職だけでなく総合職を希望する短大生も増えてきています。つまり、四大生と短大生が同じ条件のもとで就職活動を行うというケースが増えてきているわけです。

Q. 3　なにか資格が取得できるの？

短期大学で、専門的・技術的な知識・技能を身につけたい人は、就きたい職業に直結する知識、技能を習得できるかどうか、関連する資格や受験資格を取得することができるかどうかを確認して学校を選びしましょう。

なかには、せっかく資格を取得しても、就職にあたって2級資格の短大卒業者が1級資格の大学卒業者と競合することもあり、就職が難しいケースもあるようです。大学や専門学校で得られる資格との違いやメリット、デメリットを調べてから、目指す学校を選択していきましょう。

Q. 4　短大卒業までにかかる費用って？

私立短期大学の平均学費は、年間112万[2]、2年間でかかる総費用は約200万円程度[3]となります。

註
1）　文部科学省「平成29年度 学校基本調査」
2）　文部科学省「私立大学等の平成28年度入学者に係る学生納付金等調査結果について」
3）　2）の資料をもとに2年次以降も初年度と同等額の授業料・施設整備費がかかると想定して試算

四年制大学って？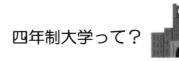

Q.1　四年制大学って？

四年制大学は、4年間をかけて学術的・理論的な学問を学ぶとともに、幅広い教養を身につけるための教育機関です。
大学での学びは、入学した学部や学科に関する学問のみに留まらず、さまざまな学問の基礎知識を学ぶことも可能です。
また、高校までとは違い、自分の興味に合わせて時間割を作っていけるのも大学の特徴の一つです。必修科目により、ある程度制限はされるものの、修学の目的やライフスタイルに合わせて、学生生活のスケジュールを決めることができます（ただし、しっかり自己管理をすることが重要となりますね）。
国立、公立、私立と、設置主体はさまざまですが、2017年には全国に779校の大学が存在しています。

Q.2　就職率は？

大学を卒業した学生の就職率は76.1％[4]となっています。
大学を卒業した後の就職先としては、専攻の系統・分野に関連する業種のほか、それらに関連のある職業に限らず、さまざまな業界への就職について融通が利くというのが特徴であると言えます。

Q.3　四年制大学だからこそ目指せる資格・免許は？

それぞれの学科の専攻により、目指せる資格、免許はたくさんあります。指定された単位を取得することで取得できる資格に加え、国家資格等の受験資格を取得できるというものも多くあります。自分の目指す職業に必要な資格を取得することができるのか、卒業生の就職先なども参考にしながら、よく下調べをして学校を選択しましょう。

Q.4　四年制大学卒業までにかかる費用って？

大学の費用は、国公立か私立か、また、文系か理系かなどで大きく違ってきます。一般的に、国公立大学では総額243万円程度[5]、私立文系では390万円程度、私立理系（医歯系を除く）では530万円程度かかります。[6]
そして、それに加えて、生活費も必要ですね。自宅外の学生の生活費の平均は1年で220万円[7]、4年間では880万円になるので、学費と合わせると1,100～1,400万円程度の費用が必要ということになります。
大変大きな額の費用が必要となりますので、事前に資金確保や生活も含めた資金計画についてなど、細かくシミュレーションしておくことが欠かせません。

註
4）　文部科学省「平成29年度 学校基本調査」
5）　文部科学省令による基準額
6）　文部科学省「平成28年度 私立大学入学者に係る初年度学生納付金平均額（定員1人当たり）の調査結果について」をもとに2年次以降も初年度と同等額の授業料・施設整備費がかかると想定して試算
7）　独立行政法人 日本学生支援機構「平成28年度 学生生活調査結果」

専門学校・短大・四年制大学…

いずれの選択肢を取るにしても、高額の費用がかかるという点は同じです。

卒業までの資金計画を立て、安心して学生生活を全うできるように

お金のことについて考えてみましょう。

Q2 進学にかかるお金ってどれくらい？

①進学にかかる費用ってどれくらい？

初めに、進学をするために必要な費用が、一体いくらくらいかかるのかについて考えてみましょう。
まず、絶対に必要になるのが、入学金をはじめとする『学費』ですね。
学費は、学校の種類や通う年数によって様々ですが、平均的に、以下の表に記したくらいの費用が必要です。
もちろん、費用は学校によって様々ですし、特に専門学校ではそれぞれの専門性によって学費が大きく異なります。
学校のHPをみたり、資料請求をして興味のある分野の学費について調べてみましょう。
また、学費として記載されているもの以外にも、教科書代など別途支払いが必要なものもありますので、学校に
問い合わせるなどして、細かく調べることが重要です。

学校の種別		年数	平均費用総額
専門学校		1年	約124万円[8]
		2年	約230万円[9]
		3年	約340万円
短期大学		2年	約200万円
大学	国公立	4年	約243万円
	私立文系		約390万円
	私立理系		約530万円
	医歯系	6年	約2,000万円

註
8) 公益財団法人東京都専修学校各種学校協会
「平成28年度 専修学校各種学校調査統計資料」
9) 8）の資料をもとに2年次以降も初年度と同等額の
授業料・施設整備費がかかると想定して試算

受験料のことも忘れずに！

受験に必要な費用の中で、忘れがちなのが受験料のこと。
例えば、私立大学を3校一般入試で受験すると、それだけで10万円を超えてしまうのです。
何校まで出願できるのか、早い段階で職員と相談しておくことが大切ですね。

入試方法	金額の目安
センター試験	3教科以上　18,000円 2教科以下　12,000円
国公立・二次試験	17,000円/校
私立大・一般入試	35,000円/校（平均）

②生活にかかる費用ってどれくらい？

学費としてかかる費用とは別に、生活費としてかかる費用のことも考えておかなければいけません。
施設を退所したあとの生活スタイルとしては、『一人暮らし』『自立援助ホーム』『シェアハウス』『学生寮』
または『家族と暮らす』という選択肢が思い浮かびますね。
それぞれの生活スタイルによってかかってくる費用や自己負担は大きく異なってきますので、自分にはどの
選択肢をとるのがベストなのか、職員とよく相談をすることが必要です。
その際に便利なのが、『資金シミュレーション表』です。担当の職員さんと一緒に、それぞれにかかる費用を
計算してみましょう！

③措置延長について

　一般的に、児童養護施設で生活できるのは、"高校を卒業するまで"と言われています。ただ、自立に必要な力が
十分に備わっていないまま退所してしまうと、新しい生活につまずいてしまう心配がでてきてしまいます。施設か
ら社会へと自立していく子どもたちが、十分な力を身につけてから退所していくことができるよう、法律では満20
歳になるまでの間、施設で生活することができると決められています。そして、国からもその制度を積極的に活用
するようにという通達[10] が出ています。つまり、18歳になり、高校を卒業した後も、法律上では施設で生活するこ
とが認められているのです。ただ、特に東京都では、施設を必要とする子ども達に対して、施設の数が足りていな
いという現状もあり、措置（入所期間）の延長を希望しても、その通りにならない可能性もあります。そういった
事情もありますので、措置延長を希望する場合には、早い段階で担当の職員や福祉司さんとよく話をすることが必
要です。

註
10) 厚生労働省雇用均等・児童家庭局長通知「児童養護施設等及び里親等の措置延長等について」2011年12月28日

児童養護施設に入所している君たちの進学を
バックアップしてくれる奨学金制度はたくさん存在します。

それぞれの金額や条件、申請までの流れや選考の倍率などは制度によって様々です。
受給の可能性が高いものもあれば、
倍率が１０倍程度で、とてもハードルの高いものもあります。

たくさんある奨学金制度の中から、どの奨学金に申請するのか、
そして、申請に必要な書類の確認や年間を通したスケジュールも、
あらかじめ確認しておきましょう。

Q3 どんな種類の奨学金があるの？

奨学金って？

児童養護施設から進学を目指す子どもたちのために、たくさんの奨学金制度が存在します。
たくさんある奨学金のなかから、自分の進学先等の条件に見合うものはどれくらいあるのか、
そして、そのなかからどの奨学金制度に申請をするのか、受験勉強が本格的に始まってから
奨学金のことも考えなければならないのは大変です。
余裕のある時期に、職員さんとよく話し合って、奨学金申請のスケジュールも立てていきましょう。

☆大変だけど・・・

受験勉強と並行して、奨学金の申請に必要な書類や作文を書くことはとても大変なことです。
ただ、金銭面の負担は減らせるに越したことはありません。
そのためにも、無理のない範囲で、多くの奨学金にチャレンジしてください。
また、奨学金申請に必要な書類や作文では、自己PRを記入したり、将来の夢に関する内容を
書くものが多くあります。
これらの作業は、自分自身を見つめ直すとても有意義な作業でもあります。
職員も可能な範囲でバックアップします！がんばって取り組みましょう！

☆大切なこと・・・

奨学金は、多くの人々の"進学するみんなを応援したい"という想いがあって成り立っています。
そんな支援者の方々の想いを大切に、受給後に提出が必要な『近況報告書』などにも前向きに取り
組みましょう。

奨学金の管理は誰がするの？

奨学金を始め、進学支度金などを合わせると、100万円を超える金額になります。
基本的に、奨学金は、施設の口座に振り込まれますが、施設がそのお金を管理するという権利や義務は
ありません。
ただ、進学後の学費の支払いや管理など、学生生活が計画的に進められるよう、可能な限り奨学金の
管理に関するサポートは施設で行いたいと考えています。
施設側が奨学金を管理するためには、皆さんからの『管理委託』があることが前提となります。
両者で管理に関する取り決めをよく話し合った上で、『奨学金管理委託書』にサインをすることで、
施設での奨学金の管理が始まります。

> ※ 奨学金情報については、最新の内容を掲載することが難しいため、本書では
> 省略しています。

進路選択に進学を視野に入れて考える場合、
いつから、どのような準備をしておけばよいのでしょう。

次のスケジュール表を参考に、高校3年間の取り組みと、
それぞれの取り組み時期について計画を立ててみましょう。

準備はいつから？
何から始めればいいの？

高校3年間の取り組みスケジュール

～このスケジュールを参考にして、マイプランを立てててみましょう～

	4月	5月	6月	7月	8月	9月	10月	11月	12月	1月	2月	3月
1年生		上位校進学に関する説明を受ける / 奨学金の説明を受ける / 卒園後の生活場所に関する説明を受ける			インターン / オープンキャンパスに参加する / 自立援助ホーム見学	進学資金シミュレーションを立てててみる / 生活場所や(ひとり暮らし目標・措置延長)について目標を決める			インターン			インターン
2年生					インターン / オープンキャンパスに参加する / 自立援助ホーム見学	進学資金シミュレーションを立てててみる / 生活場所や(ひとり暮らし目標・措置延長)について目標を決める		奨学金随時申請開始	奨学金の説明を受ける / インターン			インターン
3年生		奨学金申請のスケジュールを立てる / 受験校の絞込み、受験方法(AO・推薦→一般・センター利用)の検討 / 自立援助ホーム見学	奨学金申請時期開始〈～進学後4月まで〉 / 生活場所(ひとり暮らし目標・措置延長)目標の最終決定			AO入試順次開始	ひとり暮らし必要経費のシミュレーション～生活場所の決定～アパート探し～契約	センター試験出願 / 自立援助ホーム:入寮を希望する人～入寮申込み～面接・体験入寮～契約	一般出願〈前期〉	センター試験 / 一般入試〈前期〉		

措置延長支援計画書の作成(措置延長)措置延長に際して本人と相談の上職員の上司に具申～担当福祉司に具申～可否判断

中学生	職業体験〈インターン〉をする
	職業体験〈インターン〉を通して、様々な職種の仕事体験をして、将来目指したい職種や職業を考える機会を持とう。

中学生の間から職業体験をしましょう。様々な職業を体験した上で、自分の目指す分野を決定することはとても大切なことです。

（4）学校・就職先との連携

「高校中退から再入学へ」

伊豆長岡学園　山口　奈美

≪はじめに≫

　従来、児童養護施設は高校に進学した子どもたちに限り施設に残ることができていました。高校進学後も、中退すると退所となる現状もありました。現在、厚生労働省は必要に応じて高校卒業後も20歳まで措置延長することを勧めており、義務教育終了後、進学しなかったり、高校中退で就労する者であっても、できる限り入所を継続していくことが必要だとしています。近年、高等学校は多種多様になってきており、不登校生や中退者が復学する受け皿、転入・編入する受け皿となる高等学校が増えてきています。その例として、通信制課程やフリースクール、サポート校、チャレンジスクールなどが挙げられます。しかし、このような高等学校の利用は地域によって差があることが現実です。特に都心部と地方や郊外とではその差は顕著に表れます。

　当施設は東京都の都外施設であり、長年、不登校生や高校中退者の進学先、復学先に悩み続けていた中、施設の近隣に通信課程（単位制）普通科コースの学校が開設された際に、高校を中退してしまった男子児童を編入させた経験があります。施設としては初めての経験でした。この男子児童は高校を卒業後、2016年度現在、児童養護施設の職員になることを夢見て、専門学校の1年生として勉学に励んでいます。この経験以降、当施設では通信制高校や、不登校児の受け入れを専門とする高校も子どもたちの進路選択のひとつとして組み込まれるようになり、多様な進路選択ができるような体制を整えています。

≪取り組み≫

① 高校入学前の大前提の考え方

　施設の子どもたちの中には、高校に通えなければ施設にいることはできないという考え方が根付いている。

② 不登校になってから再入学に至るまで（重視すべきこと）

（1）編入先の学校の情報収集

　→卒業後の就職支援はどうか、高校卒業資格は取得できるのか。

（2）他施設からの情報収集

　→編入を考えている高校へ実際に通わせている施設からの情報は大事である。

（3）職員による子どものアセスメント（編入先の高校へきちんと伝える）

→なぜ不登校になってしまったのか、何が原因だったのか、きちんとアセスメントができていなければ、編入しても不登校は繰り返される恐れもある。この時のアセスメントが卒園後のアフターケアに活かされる（進学を希望する際には特に）。

→子どもは不登校になった理由、学校があわなかった理由を自分では整理できない。

（4）信頼できる大人との関係性を保つ

→「なんで学校に通っていないの」「通えなかったのはあなたのせいじゃないの？」などと子どもを責めることはしない。

→特に不登校になってから再スタートが切れるまで、安心した大人との関係性を保つ（信頼できる大人の存在）。

≪考　察≫

　児童養護施設に入所している子どもたちは、自分の生い立ちや虐待の経験などから、自尊感情が低く、人間関係を良好に保つことのできない子どもたちが少なくありません。入所中の子どもが、人間関係に自信を失くし、学校生活を苦痛に感じてしまい、学校を中退したり、不登校になっていくケースは多くの施設で聞かれます。こうした子どもたちが復学、社会復帰しやすいような体制（少人数制クラス、基礎学習からの学び直しができる授業システム、カウンセラーの常駐など）が整った多種多様な高等学校が地域格差なく増設されることを願います。地方や郊外にも多くの児童養護施設はありますが、学校中退、不登校で悩んでいるという現状は都心部も地方も郊外も関係ありません。施設職員と何より当事者である子どもたちは同じ悩みを抱えているのです。いざ、このような高校に通学させることになっても課題はあります。当施設での経験から感じたことは、中退や不登校になった子どもたちへの精神面のサポートとして、このような学校は通常の高校に比べ授業数が少なかったり、始業時間が遅かったりします。施設には多くの同じ年齢の子どもたちがいる中、通信制やサポート校に通う子どもに対し、どのような枠決めの中で登校させるのかが課題となります。特に通常の高校に通っている子どもたち、または高校選択を迫られている中学３年生の子どもたちにどのように理解を求めるのか、集団生活である施設ならではの悩みではないでしょうか。以下に課題点をまとめてみました。

・どのような枠決めの中で登校をさせるか。

・他の高校生たちと比べ、日中に施設内にいる時間が多くなる場合、その日中の時間帯の活動をどうするか（生活リズムも含め）。

・同じ施設で暮らしている他の子ども達への影響。

・普通高校に比べ、卒業後の就職先斡旋の支援が薄い。

　→人間関係づくり、コミュニケーション能力に困難さを抱えている児童が対象である中、アルバイトの継続すら難しい現状があるにも関わらず、就職支援が手薄な状況があった（地域性によるのかもしれないが）。

・経費問題（高額な修学旅行費や諸経費等、措置費の枠を超えた費用が負担となる）。

（4）学校・就職先との連携
「知的障害児の施設からの就労自立に向けた支援」

武蔵野児童学園　梅山　哲也

≪はじめに≫

【プロフィール】
- ・Aさん（18歳女児）
- ・東京都療育手帳4度（軽度知的障害）
- ・特別支援学校高等部3年生
- ・母子家庭で母の養育能力低く、本児も自立の意欲が高いため、施設からの就労自立を目指すケース。

　本ケースでは、知的障害児の施設からの就労自立に向けた支援がテーマになります。課題となるのは主に就労支援と施設退所後の生活の拠点の調整です。

≪取り組み≫

❶　本児の特性と学校生活の様子

　一般的に、知的障害児の特別支援学校高等部卒業後の進路については、学校の進路指導のもと企業の障害者雇用を目指すことになりますが、本児は能力が高いが故に「自分は何でもできる」という思いが強く、自立意欲が高いという特性がありました。学校生活では自己主張が強く、教員に反発したり、周囲の生徒に比べて派手で目立ってしまったりというところがあり、学校からは「動きが多くて落ち着きがない」「気分に波がある」という評価をされていました。学校からは、失敗のないよう福祉作業所で実習を重ねた後、企業の障害者雇用を目指すのが望ましいという方針が提示されました。本児はこれに納得できず、「学校（の進路指導）には関わりたくない」「自分で就職先探すから」と反発しました。

❷　就労支援の経過

　本児はもともとアパレル業か飲食業の接客を希望していましたが、学校からはそれらの業種の求人は現実的にはほとんどないと言われていました。高校3年生の夏期休業中に学校が関わらない任意のインターンシップで、当施設と繋がりのあった地域のロータリークラブ会員の方の紹介で、飲食業（お好み焼き店）の体験実習を行いました。先方との連絡調整はCOが窓口となって行いました。

　2学期に入り本格的に進路の検討を進めていく中で、学校からの提示もあって福祉作業所の体験を行うことになりました。これについては、法人内の福祉作業所に相談し、二日間の体験実習を行うこととなりました。COも体験実習に付き添って実習の様子を見まし

たが、利用者として体験をしているというより、福祉作業所の職員の「実習生」としてお手伝いをさせていただいているような印象でした。福祉作業所の職員からも、企業の障害者雇用の方が良いのではないかとの評価でした。

3学期に入り、学校側と協議を重ねる中で、本児の意向を尊重し企業の障害者雇用（病院の清掃業）の現場実習を行うこととなりました。結果、内定をいただきましたが、本児はあくまでアパレル業か飲食業を希望していたため受け入れられず、進路未定のまま高校卒業を迎えることとなりました。

卒業を迎える同時期に、本児より夏期休業中に体験した飲食店に就職したいとの意向があったため、学校の進路指導とは別の縁故のラインでその飲食店に就職相談を行うこととなりました。その後、高校卒業後の3月下旬より2週間の試用期間を経て、翌4月に障害者雇用という形で正式に採用していただくことになりました。

　※本ケースではこれに加え生活の拠点の調整を行っていますが、その経過については本稿では省略しています。

≪考　察≫

本ケースでは、自己理解や家庭への思いの中で葛藤する本児の意向を尊重し、COを含む多職種が学校等関係機関と就労や生活の拠点に関する調整を行いました。施設退所前の落ち着かない生活の中で私たちとの距離感が離れつつあった本児が、退所後お好み焼き店で生き生きと仕事に取り組んでおり、現在では本児から近況報告の連絡が入ることもしばしばです。人生を前向きに懸命に生きる本児の姿を見て、私たち支援者が考える児童の自立の形が本当に本人の意向に沿っているものなのか、私たちは常に点検しなければならないと内省させられるケースとなりました。

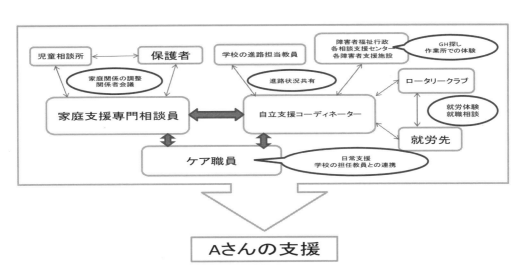

Aさんの支援における支援者の相関図

（4）学校・就職先との連携
「特別な支援を必要とする子どもへの就労支援」

東京都片瀬学園　小松原　万里

≪はじめに≫

　身体障害者手帳３級、精神障害者手帳３級の手帳を所持している子どものケースについて報告します。小学生から高校生まで通常級に通い、特別な配慮を必要とすることなく生活することができていました。そのことが自身の自信に繋がると共に、故に障害をなかなか受容することができないという側面がありました。

　高校３年時、しっかりアルバイトができていたこともあり、本人の希望により就職活動で一般企業を受けましたが、全て落ちてしまいます。

　精神面での課題が特に大きく、寮内外で様々な課題がありました。しかし、上記にあるように、一般企業に落ちてしまったことで現実を自分なりに知ったこと、精神的につらい時に大人が親身に話を聞いてくれると言う経験をしたことなどから、徐々に障害を受け入れるようになり、最終的には自身の意志で障害者雇用枠での就労を選択し、受かることができました。

　現在はグループホームに入所し、そこから仕事に通っています。

≪取り組み≫

　「障害を認めたら負けになる」などと言って、なかなか受け止められずにいたため、以下の取り組みを実施していきました。

○園外
・自立支援スタッフとハローワークに障害者雇用について相談し、現実的な求人を理解する。
・障害を持った方が働く職場の見学を実施し、現場の雰囲気を知る。
・グループホームが見つかるまで措置延長を掛けるなど「自立できるまで園として継続して支援する」というメッセージを送り続ける。
・計画相談支援（サービス等利用計画）を作成して、支援体制の構築を進める（自治体の保健師からの紹介で、指定特定相談支援事業者である生活支援センターの支援員に作成をお願いしています）。

○園内
・障害を理解していくために、何度か就職活動に失敗していく機会を見守り、丁寧に失敗後の支援をする。
・担当職員だけでなく、他の職員とも対話できる環境の設定をし、人間関係の不調等に

ついては、「対話による解決方法」を伝える。

・自活訓練室での個室の確保を行い、自分の時間の使い方や自室で落ち着ける環境を設定する。

また、関係者会議を重ね、その都度必要な支援関係者が加わり、最終的には児童相談所、自治体職員、保健師、指定特定相談支援事業者、グループホーム運営者、ハローワークの職員に参加していただくことができました。

高校時代にアルバイトをしていたお店に就職希望をするも断られてしまったり、障害者雇用枠で就職活動をするも精神障害の理解をしてもらえず不採用になってしまったりなど、本人にとって辛い経験もしました。しかし、本人の努力と上記であげたような支援もあり、現在は大手コーヒーチェーン店で週5日従事しています。園には職場の対人関係のことや、仕事の愚痴などの電話がよくかかってきており、その都度丁寧に話を聞き、アドバイス等をしています。

≪考 察≫

社会的養護においては、障害のある子どもなど、特別な支援を必要とする子ども達への自立に向けた支援は大きな課題です。しかし、様々な要因から就労定着が危ぶまれています。若年齢であること・身体障害・精神障害・親からの支援が無いこと・過去の被虐待経験などいくつものトラブルが心配されます。

そのような子ども達が適切な支援を受けて自立生活を営めるように、関係者が協力して、重層的な支援体制を構築していかなければならないと感じています。本人が望む暮らしの実現に向け、関係者の想いをひとつにして支援することにより良い結果につながっていくのですが、それには時間がかかります。インケアはもちろんのこと、アフターケアもしっかりとやっていける体制、姿勢がより必要だと感じています。

（4）学校・就職先との連携
「特別支援学校卒業後の障害者サービス受給に関する関係機関連携」

二葉むさしが丘学園　鈴木　章浩

≪はじめに≫

　児童養護施設に措置され、特別支援学校に在籍する子どもの進路は、大きく分けると二つに分類できます。一方は、障害者雇用枠で企業就労し、通勤寮に入寮するケースです。もう一方は、福祉枠でも企業就労することが困難であり、就労継続支援事業等の「就労障害福祉サービス」を利用、住居の確保として「共同生活援助（障害者グループホーム）サービス」を利用するケースです。

　通勤寮は、企業就労していることが前提です。企業就労が困難である場合、就労移行支援事業、就労継続支援A型事業もしくはB型事業のサービス、共同生活援助（障害者グループホーム入居）のサービスを利用する必要があります。該当児に対しては配慮し、例えば、就労継続支援B型事業のサービスを受ける場合でも「就職（就労）」と伝えますが、厳密に言えば「就職」扱いではありません。また、措置費の「就職支度費」に関しても、就労継続支援A型事業は「雇用契約」を結ぶため対象になりますが、就労継続支援B型事業は対象外です。

　このように、児童福祉法、障害者総合支援法等の法的側面の理解、制度の情報把握、また各関係機関との連携及び情報共有が、該当する児童の進路支援には欠かすことができません。

≪取り組み≫

① 固定観念からの脱却

　特別支援学校に在籍し、卒業と同時に当施設を退所する子どもへの進路支援に関して、実践を通して、順風満帆に進まないこと、情報収集や関係機関との連携の大切さ、固定観念から抜け出すことの難しさを痛感しました。

　本ケースについて、当初、施設の方針として、福祉枠での企業就労、通勤寮への入寮というもので合意形成が取れていました。誰も疑いを持たずにいました。しかし、学校側の判断として、企業就労は困難であり、就労継続支援B型事業サービスの利用、所謂「B型作業所」での就労継続支援を目指し、実習を進めていくというものでした。前述した通り、企業就労でないと、住居として考えている通勤寮への入寮資格がありません。学校側に、何故このような判断になったのか根拠を訊きました。学校側の回答は明解なものでした。盗癖、幼さ、生活スキルの低さが挙げられました。どれも学校、施設で支援をしてきている事柄でしたが、企業就労を目指すほどの改善には至りませんでした。

　進路方針の変更を余儀なくされた途端に、たくさんの疑問が湧いてきます。B型作業所

を利用することも不可という判断が出た場合には、どのような選択肢があるのか、関係機関とは、学校・児童相談所だけではなく、福祉事務所・市障害者地域自立生活支援センター等の指定特定相談事業所の他に何処があるのか、アセスメント等の手続きは何処が主として行っていくのか等々、枚挙にいとまがありませんでした。今までの進路支援に関する固定観念を抜け出て、一から始める必要がありました。

② 援護機関への相談

当施設と同市内の懇意にしている障害者地域自立生活支援センター（以下、指定特定相談事業所）の職員に相談をしました。懇切丁寧に教えて頂き、まず、保護者の居住地（もしくは、本児が入所する前の住所）の自治体が今後の援護機関になるため、該当する市の障害福祉課へ相談に行きました。援護機関になる市には児童養護施設が存在していない地域ということもあり、前述の当施設と同市内の指定特定相談事業所への相談のようにはいかないところもありました。しかし、丁寧な対応を受け、今後の動きを共有しました。大きな課題は、住居の確保です。障害者グループホーム（以下、グループホーム）の空きがないことは、周知の事実です。場合によっては、入寮可能な場所を確保するためには時間が必要とのことで、措置延長が可能かどうか問われました。措置延長は、施設内での合意のもと、児童相談所へ申請し、認めていただいた旨を説明し、取り急ぎグループホームを探しつつ、関係者会議の日程調整を進めました。

各関係機関がお互いにそれぞれの権限、機能、実情、姿勢を知る必要がありました。

③ 関係者会議、GH探し及び体験入寮、確保

特別支援学校、児童相談所、援護機関（市障害福祉課）、援護機関と同市内の指定特定相談事業所、サービス等利用計画案作成委託を受けた事業所、当施設が集まり、協議が何度も繰り返されました。

当初、学校側は、次年度になった際の「激変緩和」対策として、措置延長を主張しました。しかし、児童相談所は、期間に見通しのない措置延長は考えていないという回答でした。当施設内では、措置延長申請の合意は取れていない状況でした。

当施設としては、視点も変え、滞在型グループホームだけではなく、通過型グループホームへの入寮も視野に入れ、選択肢を広げることも考えなければなりませんでした。精神手帳の取得手続きをしながら、グループホームの空きを探しました。確定はしないまでも予定として考えられるB型作業所の所在地へ通うことができる範囲で探すという条件付きで、手当たり次第に当たるしか方法はありませんでした。

これは、「タイミング良く」という表現しかできませんが、2学期後半に、何と二つの滞在型グループホームの空きを見つけ、当人と担当職員、COと一緒に見学をすることができました。その後、当人の意思を尊重し、希望する方のグループホームで体験入寮をすることに漕ぎ着けることができました。受け入れ先のグループホーム側の都合を最優先し、実施に至りました。入寮の絶対条件としては、「同居する他の利用者とトラブルを起こさない」ということでした。利用者の年齢はそれぞれで、高齢の方が多く入寮している場合も珍しくありません。しかし、体験入寮したグループホームは、比較的平均年齢が低

く、18歳の誕生日を控えている当人との年齢差があまりない状況でした。その点も当人にとっては望ましい環境のようでした。幸運にも、体験入寮後のフィードバックでは、双方、入寮の合意をするに至ることができました。

　しかし、課題として、次年度まで何も手立てをしないままの状態で、その「空き」を確保しておくことは、グループホームの運営上厳しいことは、私たちにも理解はできました。そこで、引き続き、体験入寮という形態での利用を繰り返し行いながら、特別支援学校卒業及び施設退所までその「空き」を確保しようと考えました。その方法により、学校側が強く主張していた生活の「激変緩和」対策も可能になります。逆転の発想ですが、施設生活を延長し、通学から所謂「通勤」に切り替えるという発想から、先にグループホームの生活を体験しながら、同時に通学し、新年度に切り替わった際には、既に生活には慣れた上で通学から「通勤」に切り替えるということです。グループホーム側も学校側も、理解を示してくれました。残るは費用の問題です。

④ 矛盾、葛藤、課題

　現在、児童養護施設に措置中でありながら、年度末の措置解除までグループホームの空きを確保し続けるためには、費用を何処から捻出するか、施設内で事務職も含め、協議しました。措置児童でありながら、自己負担をさせることへの葛藤、子ども手当を充てることの是非、受給者証のない状態でのグループホーム利用料、受給者証早期発行の要望の却下等々ありましたが、最優先すべきは、本児の退所後の住居となるグループホーム確保であることに間違いはありません。また、最終的には生活保護を受給しなければグループホームの利用は困難であり、課題は山積しています。

　また、アセスメント、区分認定、受給者証、生活保護、障害者年金及び手当等々手続きのスケジュール把握や共有化を図ることが未だ出来ていません。

　直近の関係者会議では、入寮予定のグループホームの責任者、世話人も出席しました。学校、児童相談所は、年度末の措置解除まで、現状を進めていくことで合意しました。しかし、援護機関である自治体だけが、措置延長を主張し、少しでも早く発行してほしい受給者証も当人の18歳の誕生日直後でもなく、新年度への切り替わりでもなく、措置延長期間終了後の発行と主張しています。

　各自治体（組織）の受け入れ姿勢や覚悟に格差があること、18歳の要支援者に対する責任の所在の不明確さ、送り出す側の責任の大きさ、送り出す側から受け入れる側への情報提供の正確さ等を実感しました。本ケースを良くも悪くも一つの例として、今後の支援に生かす責任、また関係者に発信していく責任を痛感しています。

≪考　察≫

　児童養護施設入所児童で、特別支援学校に在籍する子の進路支援については、措置解除後の援護機関との連携がとても重要になってきます。18歳未満と定義されている「児童」への支援をどのように考えていくのか、社会がどのように責任を負うのか、どのような覚悟が必要なのか、職員としてだけでなく、ひとりの大人として考える機会になりました。

　インケアでの生活支援、「措置延長」に関するフレームの再考、アフターケア、支援の

継続性など、意識して取り組むことが私たちに求められているのではないでしょうか。就労支援は、児童養護施設だけでは、完結することは不可能であることを意識しなければなりません。

また、私たちが子どもたちへ的確な支援をするためには、法律や制度の熟知、児童福祉法だけでなく、障害者総合支援法、婦人保護法、少年法その他関連する法的側面を知ることも欠かすことはできません。

今回は、特に関係機関との早期の連携が重要であることを痛感しました。早期の居場所確保を含め、就学の時点から既に退所後を見越した支援を考えなければなりません。

また、関係機関という枠組みだけではなく、地域という大きな枠組みも含めて、「face to face」を心がけて、支援に結び付ける必要があると考えています。

本ケースは、まだ終結している訳ではありません。現在進行中の案件です。しかし、「児童の最善の利益」を最優先する視点を関係機関で確認しながら、進めていかなければならないと考えています。

（5）高校卒業後の生活場所の保障
「進学する子どもの措置延長の積極的活用」

調布学園　黒川　真咲

≪はじめに≫

　調布学園では2013〜2015年の３年間に大学等へ進学した子ども５名のうち、家庭復帰がかなわなかった３名については、いずれも半年から１年の措置延長を行っています。大学等へ通うための奨学金制度は年々整備されてきてはいますが、それでもまだ十分とは言い難い状況にあります。親族の支援が得られない子どもが学費と生活費を一人で稼ぎながら、学校生活と一人暮らしとを両立させることは非常に困難です。そのため、少しでも子どもの負担が緩和されるよう、施設として積極的に措置延長を活用しています。

≪取り組み≫

① 調布学園の措置延長の考え方

　2011年12月28日に厚生労働省より「児童養護施設等及び里親等の措置延長等について」の通知が出され、18歳以降の措置延長の積極的な活用が明示されました。とはいえ、東京都においては要保護児童のニーズが高く、一時保護所も常に100％を超えているような状況の中で、児童相談所（以下、児相という）によってはなかなか措置延長の許可が下りないのが現状です。しかしながら、高等学校を卒業後も施設での生活の継続が必要だと思われる子どもには、進学の有無に関わらず、措置を延長してもらえるよう最大限働きかけること、また措置延長の許可が下りなかった場合でも、必要に応じて措置外で園内生活の継続を検討することを確認しています。

② 措置延長に至るまでの取り組み

　高校１・２年時の横割り活動で進路を考えるためのセミナーを実施し、奨学金の説明会を行う中で、子どもたちが具体的な進路を考えられるような取り組みを行い、措置延長についても説明をしています。この間、措置を延長している年長児を見てきているため、進学を希望する子どもの殆どが、高校卒業後も施設での生活を継続したいと希望しています。

　高校２年時の３学期には、自立に向けたチェックリストへの取り組みや園内での心理面接を実施した上で、自立に向けたアセスメント会議を行い、子どもの進路の方向性や措置延長の意向について確認し、高校３年時の自立支援計画書に反映させています。また、子ども自身が児相の担当福祉司と面会する際には、子どもから直接、措置延長してほしいという希望も伝えるようにしています。

実践報告

早ければ高校2年時から措置延長の意向を児相に伝え、協議をします。高校3年時には具体的な資金シミュレーションを提示し、今後更にその子どもに必要な支援の内容を伝えながら、措置延長の依頼をしています。

③ 措置延長期間の子どもたちの生活

措置延長の期間に、もともと生活していた寮でいつまで過ごすかは子どもの状況によって異なりますが、基本的には、社会に出る準備として園内の自活室へ生活の場を移すことになります。その際に、食事や入浴については寮で行うという場合もあれば、3食とも自分で自炊しほぼ独立した生活をする場合もあります。いずれにせよ、寮の所属は変わらず、担当ケア職員が継続して支援を行っています。夜間の学校に通う場合や、学費を稼ぐために遅くまでバイトをする場合など、生活時間帯が他の子どもと異なることもありますが、基本の施設のルールは示しつつも子どもの状況に応じて緩やかに対応をしています。

④ 措置延長の課題

（1）児童相談所の許可

前述のとおり、児相によって措置延長の考え方に差があるのが現状であり、なかなか許可が得られない場合もあります。卒園間際になって突然お願いをするのではなく、子どもや家族の状況に応じて、早めに相談をし、状況認識の一致を図ることを心掛けています。

（2）生活場所の確保

いずれは社会の中で自立することを目標としているため、措置延長期間の生活場所として自活室を利用しています。しかしながら数に限りがあるため、措置延長を希望する子どもが多い場合には、場所の確保が課題となります。男女や寮舎との距離感等、子どものニーズに対応できるスペースの確保が必要です。

≪考 察≫

措置延長をした3名のうち、1名は専門学校を卒業し、就職が決定しました。また、2名は現在も四年制大学に在学中です。いずれの児童も、措置延長を行ったことで、緩やかに施設から社会へ巣立つことができました。特に入学時の新しい環境への不安の緩和や履修手続き等これまでとは異なる自主性が求められる生活へのフォローも丁寧に行うことができました。措置延長を行うことで経済的な見通しも持ちやすくなっています。また、これらの子どもたちが在園時の良いモデルケースにもなってくれています。2016年度は5名の子どもが進学の予定です。いずれも家庭復帰は困難なケースであり、地方の大学へ進学予定の子どもを除いて、4名全員が措置延長を希望しており、児童相談所にも措置延長の依頼をし、1年程度の期間、施設での生活を継続する予定です。今後も子どもたちそれぞれの状況に応じて必要な支援を行うために、措置延長を積極的に活用していきたいと考えています。

105

（5）高校卒業後の生活場所の保障
「退所後の住居の確保について」

朝陽学園　門倉　浩之

≪はじめに≫

　退所する子どもの住居に関わる安定性を精査し、生活基盤をしっかり組み立てることで、就労や進学を含めた落ち着いた生活の流れが続くように支援しています。

≪取り組み≫

　退所することが決まり、あるいは予定され、その子どもに相応しい住居先を、本人の気持ちとニーズを交えて選定を行っています。

1　基本的な流れ

①一人暮らしをしたいのか、自立援助ホームを利用したいのか等の聞き取りをする（大概は「一人暮らし」を希望する子どもが多い。しかし、その中でも、メリットとデメリットがあることを説明し、本人が考える時間を与える）。

②施設内で協議を行う他、児童相談所とも協議を行う。

③本人を交えた最終的な話し合いを行う（ケースによっては、児童相談所とも引き続き協議を行う）。

④一人暮らしを選定したのなら、相応しい場所を考察し、アパート探しの方法や流れの説明と同行をする。また、家賃及び水道光熱費の支払いの仕方等を説明する。
　併せて、生活物品の購入の同行やその運搬を行う。

⑤自立援助ホームを選定したのなら、事前見学や契約に関わる同行や支援、自立援助ホーム職員に申し送りを行う。

2　住居支援の考え方

　住居支援で私が気付いたことは、住居の確保とは、退所していく子ども達にとって私達が思っている以上にとても不安要素が多いということです。一人暮らしや施設を出た後の自立に「憧れ」はあれど、この先しっかりやっていけるか、孤独にならないかといった「不安」がつきまとうのだと思われます。いくら格安物件を借りられたとしても、家賃の数万円は、18歳19歳の子どもにとって、決して安い金額ではありません。併せて、水道光熱費等の支払いも生じることから、気持ちにおいても金銭工面においても自信が減退することでしょう。そういった不安を少しでも解消すべくケアサポートしていくことが我々COの大きな役割の１つと考えています。

③ 家賃・光熱費

　家賃や水道光熱費の支払いの仕方は、図に書いて説明しました。説明した上で、あらゆる事項も「わからなかったら電話しておいで」と付け加えます。その言葉を添えることで、「あ〜、いつでも、小さいことでも、聞いて良いんだ」と安心感を与えられることを期待しています。

④ 経費シミュレーション

　経費においては、経費シミュレーションを立て、子どもに「目で見てわかる」指標を提示することも重要なウエイトを占めると思われます。各種奨学金・助成金・アルバイト代等の収入にも関わりつつ、「住居」にまつわる経費だけでも、年間に相当な金額が退所者に圧し掛かってきます。「生活は楽しんで良いが、無駄遣いはできない」ということを、こうしたツールを用いて教えていくと同時に、COにとっても、とても良い勉強（次に続く退所者へ、こういった知識や経験を活かして支援していけるようにする）になっています。

⑤ 自立援助ホーム

　自立援助ホームの契約においては、自立援助ホームと協議を重ね、念入りに意思確認や事前説明を行っています。見学に行った子どもに対し、自立援助ホームのジョブ・トレーナーの方に、その子どものニーズに見合うような「こういうふうな話をして欲しい」とオーダーをさせて頂いたこともあります。入所後も関係者会議を数回行っており、その子どものより良い支援方法を見出す有効な機会としています。

≪考　察≫

　私が初めてアパート探しや契約に同行したのは、COに任命された2012年度のことです。大学に合格し、一人暮らしをすることが決定した子どもと2人で、アパート探しに向かいました。アルバイト代や各種奨学金から算出した予算内で借りられるアパートを狙い、且つ、その子どもにとっては憧れの一人暮らしですから、気に入ったアパートを探してあげたいと必死だったのを思い出します。それを契機に、同じくアパート探しをはじめ、自立援助ホームの契約に関わる支援を複数回行って参りました。

　住む場所等の住居支援において最も大切なことは、退所していく子ども達の不安を取り除き、安心安全に暮らすことができるようにすることに他ならなく、安定した生活の基盤を構築することは、気持ちの安定と共に衣食住が真っ当に揃うことから始まることでしょう。その第一歩を手厚く支援することで良い自立スタートが切れるよう、気を引き締めて、支援方法を一層探求していきたいと思います。

（5）高校卒業後の生活場所の保障
「自立援助ホームとの連携」

生長の家神の国寮　須江　宏行

≪はじめに≫

　自立援助ホームは現在全国に131カ所、東京都では18カ所存在し、6名〜15名の定員とされています。対象年齢は中卒から20歳までとなっており、子どもたちは措置ではなく、契約というかたちで入居し自立を目指します。

　子どもたちの入居に際しては本人、児童養護施設、児童自立支援施設、家庭などから児童相談所が相談を受け、入所相談を行い、ホームの見学や体験入居、生活ルールの提示、本人との面接を経てはじめて入居となります。

〜自立援助ホームが大切にしていること〜

　自立援助ホームが利用者に対して行う援助の中で、大切にしていることがあります。

（1）あたり前の生活

　当然のことながら入居してくる子どもたちは貧困や虐待等の厳しい状況下で生活をしてきています。職員が寝食を共にする中で、生活の基礎基盤となる安心・安全のある環境をつくり、衣食住を充たしながら自立に向けての積み立てや、その他諸々の相談・援助に応じていきます。

（2）主体性の保障

　過酷な環境で生活してきた子どもたちは自己肯定感も育まれておらず、諦めの感情が先に立ちます。自分で選択し、自分で決めるといった作業も容易いことではありません。また失敗経験から学ぶことも恐れがちです。ホームにいる期間は何度失敗しても良いことを伝え、子どもが主体的に物事を捉え、それを実践できるようにサポートをしていきます。

（3）退所者支援

　児童養護施設に比べて入居期間も短く、概ね1年間の在籍を目処とする自立援助ホームにおいてもアフターケアは欠かすことができません。職員と生活を共にする中で「利用者がホームと関係を断ち切らない限り、職員側から関係性を断ち切ることはしない」「困った時はいつでも相談に来て良い」ことを伝えます。自立援助ホームが利用者の心の安全基地になるように、また職員に対しても愛着を持ってもらい適切な相談・援助に応じられる関係性を築き上げていくことを目指しています。

≪取り組み≫

　神の国寮では自立援助ホームの利用を考える際に、まず職員側でのしっかりとした見定めを基本としています。自立援助ホームは利用契約となっており、施設での措置扱いとは異なります。施設での措置期間中は子どもたちの衣食住が賄われますが、契約である自立援助ホームでは寮費として毎月納める30,000円程度の捻出を始め、各ホームで定められている毎月の貯蓄額を自身の働きによって賄わなければなりません。特に高校中退後の再進学を検討する場合も、施設と自立援助ホームでは子どもが受けることのできる支援が全く違います。神の国寮では子どもが18歳になるまで、もしくは高校を卒業するまでの期間は施設生活の継続を保障するように働きかけています。

　また高校を卒業し、施設からの進学、就労自立を考える際に一人暮らしに不安を感じる子どもたちも少なくありません。このような場合に自立援助ホームをステップハウスのようなかたちで一時的に活用することもあるかと思います。こういったケースにおいても施設側は子どもとの関係性を継続し、自立援助ホーム職員との連携を深めていくことが望まれます。このような実践を行うことにより、退所後のアフターケアにおいても重層的な把握と相談・援助を実施することが可能となるからです。

≪考　察≫

　2017年4月1日より「自立援助ホームの入居者であって大学等へ進学している場合には、自立援助ホームの対象者として22歳に達する日の属する年度の末日まで支援の対象とする」と児童福祉法が改正されることになりました。これについての対応は各自立援助ホームの中でも様々です。法改正前から、働く利用者と高卒後の進学者の両方を受け入れ、運営しているホームもありますが、自立援助ホームの成り立ちから考えた時に「働く利用者を応援する」というスタンスを大事にしていきたいと考えるホームも少なくありません。施設側は利用を検討するホームの受け皿をしっかりと確認し、子どもたちへ説明し、見学等を行うことが大切です。また利用に至った場合は、自立援助ホームとの連携を充分に図りながら子どもたちの行く末を一緒に見守る関係づくりを目指して行くことも大切だと思います。

（5）高校卒業後の生活場所の保障
「通勤寮との連携」

救世軍世光寮　川辺　文香

≪はじめに≫

　本児は、父子家庭であり、実父との交流は中学２年生の頃まで細々とありました。しかし、それ以降、児童相談所も施設も実父とは連絡がとれなくなり、交流は完全に途絶えてしまっています。愛の手帳４度を取得していたため、中学卒業後は、特別支援学校に入学し、３年後には就職を決めて卒業することができました（ただし、卒業するまでの３年間は、教諭や他生徒への暴力、無断での早退、実習の放棄等が頻発していました）。担当職員はCOと共に本児に対して、実父には頼らず、一人で就労し生活していく進路を考える支援を行ってきました。しかし、一人で生活する力がまだ備わっていないため、通勤寮を利用して支援を受けながら就職自立を目指した男子のケースです。

≪取り組み≫

　学校から職場へと活動する環境が変わり、更に施設から通勤寮へと生活する環境が変わるということは、本児にとって過大なストレスや不安を感じることになります。そのことは特別支援学校を卒業する前から、福祉司や学校と共有し、職場に慣れてから通勤寮に移ることを取り決めていました。そのことは、本児自身が最も希望していました。

　各機関との協議の結果、本ケースは、措置延長をかけ、４月に入社して、これまで生活していたホームから職場に通勤することになりました。職場では、人間関係からくるストレスや、仕事をなかなか覚えることができないという不安や焦りと無力感、職場のなかで自分だけが障害者だという悲しさや辛さ等を覚える毎日でした。本児は、「今の仕事は向いていない」「辛い」「辞めたい」と泣いて訴えることもありました。特別支援学校在学中は、不安や怒り等自分の気持ちを職員に言語化して相談することができなかった本児ですが、就職後は相談できるようになり、大きな成長でした。仕事中に起こしてしまった失敗に対処できず、職場から電話してきて職員に助言を求めることもありました。職場でのトラブルや本児の抱える不安は、学校に連絡して、学校から本児に聴き取りをしてもらい、頑張りを評価してもらいました。学校から職場に本児の特性や悩み・不安を伝えて、職場環境の改善を図りました。

　通勤寮の移行にあたっては、通勤寮で面接し、通勤寮での生活に対する不安や拒否的な思い、早く通勤寮から出て自立したいという本児の真意を聴き取りしてもらい、体験入寮を実施しました。体験入寮中、通勤寮から職場に通いました。本児から通勤寮の不満や仕事上のトラブル等を相談する電話が施設に入ることもありましたが、その都度、本児の気持ちを受容し、通勤寮の職員に伝えるように促し、施設からも仕事上のトラブルや本児の思いを学校と通勤寮に伝えるようにしました。通勤寮は、本児に意向確認を行う機会を作

り、入寮するという意向を待ちました。本児から入寮の意向が語られて初めて児童相談所や学校に連絡を入れ、通勤寮へ移行する準備を開始しました。

体験入寮中、仕事が休みの日には施設に帰ってくる機会を設け、リフレッシュすることを図り、不安が軽減したころ、体験入寮から直接施設に戻ることなく措置解除としました。体験入寮は19日間でした。措置解除後も、施設に帰りたいという思いを受容し、通勤寮と連携を図り、施設への宿泊を実施し、本児の気持ちの切替えを待つようにしました。数回帰ってきましたが、その後は本児からの連絡もなくなり、通勤寮の生活も安定していきました。現在は、年に数回、通勤寮にて、学校、福祉事務所、施設職員で情報共有を行い、退寮後の生活の場について、本児の意向を重視しながら検討する場を設けています。

≪考　察≫

通勤寮入寮当初は、新しい環境に対する不安や集団生活に対する人間関係への不安等から、早く通勤寮から出て自立したいという思いがあり、通勤寮での生活態度は拒否的・反抗的でした。学校の先生には職場訪問をお願いし、本児の気持ちを聴き取ってもらい、職場に伝えてもらう機会を設けるとともに、施設職員は本児の気持ちを通勤寮に伝え、通勤寮との関係の強化につながるように一貫して支援してきました。措置解除から一気に本児の気持ちを施設から通勤寮に切替えることはせず、本児が気持ちを徐々に切替えることができるように、通勤寮だけでなく学校や福祉事務所と本児の特性について共有し、できるだけ多くの機関が関与し、一貫した支援を提供するようにしました。そのことで、本児の通勤寮での生活態度は日に日に軟化し、通勤寮の職員との関係も形成され、通勤寮が居場所となっていったように感じています。

現在、通勤寮に移行して1年4ヶ月経ちますが、貯金も7桁を越え、集団行事にも積極的に参加し、通勤寮のルールも守り、模範的な利用者となっています。さらに、20歳まで通勤寮を利用したいと言っています。通勤寮の退所後の生活の場については、通勤寮と学校、福祉事務所、施設間で、アフターケアを視野に入れ、本児の課題にあった場所を検討しているところです。

（5）高校卒業後の生活場所の保障

「自立支援棟の取り組み」

共生会希望の家　佐藤　孝平

≪はじめに≫

　現在でこそ児童養護施設在籍者への奨学金が少しずつ拡充しつつありますが、以前は進学をしても過酷なアルバイト生活で潰れてしまう退所者、進学のために多大な借金を背負う退所者がいました。

　就職した退所者についても、自分の適性による職業の選択ではなく、寮があるかどうかという選択になってしまうケースがありました。それは離職にもつながり、離職すれば住まいを失うことになります。このような悪循環を断ち切るためにも、安価で利用できる住居や一時避難的に利用できる住居等、住まいの選択肢を増やすことが望まれました。

　そういった課題に対して、当法人の理事長は依存を通して精神的に自立していくという考え方に基づき、突然支援の手がなくなるのではなく、ゆるやかに自立していけるようにと、金銭的に困窮した退所者向けの基金（自立支援基金）の立ち上げと、退所者の住居支援（自立支援棟）を行いました。

≪取り組み≫

① 自立支援棟のこれまでの経緯

・2005年　男子の自立支援棟の運営を開始
・2009年　男子の自立支援棟が移転（GHとして使用していた建物を改修）
・2010年　女子の自立支援棟の運営を開始（GHとして使用していた建物を改修）

② 利用者負担

・家賃、水道光熱費については個人負担はなし（法人負担）
・共同で使う物に関しては、利用者で折半
・その他、利用規約に準ずる

③ 自立支援棟入居者に対して行われる主な支援

（1）経済面のサポート
・奨学金等の申請・管理
・法人による退所者専用の基金の立ち上げと運用
・定期的な金銭シミュレーションの実施

112

（2）精神面のサポート
- ・自立支援棟への訪問
- ・生活していたグループへの受け入れ
- ・相談支援
- ・学校との連携

（3）身辺のサポート
- ・環境整備
- ・共同生活のルール作り
- ・食糧などの物資の支援

≪考　察≫

　進学や就職に関わらず、高校卒業と同時に突然支援の手がなくなり、孤独感に苛まれながら、一人で生活を成り立たせていくというのはとても大変なことです。職員のサポートがしやすい環境で、ゆるやかに自立を目指せることは自立支援棟の良さだろうと感じます。取り組みの効果として、過去５年間を振り返ると四大、短大、専門学校への進学率は６割となりました。また、給付型の奨学金へは積極的に申請し、何とか返済型の奨学金は借りずに上位学校への進学が実現できています。

　大学進学と同時に一人暮らしをし、中途退学してしまった退所者は、退学と同時に自立支援棟に身を寄せて、次年度より専門学校へ進学、卒業し、希望職種へ就職できました。一度きりの挑戦で、失敗したら進学の可能性が絶たれるのではなく、希望して努力する退所者に対して、再進学を実現できた背景には、自立支援棟が不可欠だったと思います。

　一方、自立支援棟入居中に中途退学してしまった退所者や、就職活動から逃げ出すために無断で飛び出してしまった退所者もいました。運営を開始して間もなくで、サポート体制や対応も十分ではなかったように思います。単に住居を支援するというだけではなく、一人ひとりの退所者に必要な支援をアセスメントし、どのようなサポートが必要かを、当事者と支援者とで合意形成をし、定期的に振り返ることが不可欠だろうと感じています。また、共同生活が故に孤独感を感じずに支え合う退所者もいれば、反面、共同生活のストレスで苦労する退所者、どちらも存在します。入居者同士の関係性もありますが、こういった共同生活そのものが、子どもの適性や状況に合うかどうかをまず検討する必要があると思います。

　子ども達の退所後の居住場所の選択肢が増えること自体は良いことだと思っています。様々な住居の選択肢があること、そして、その中で自分に合った選択肢を選べること、もっといえば、その時期もある程度子ども自身が選択できるような仕組みになっていければと願っています。

（6）社会資源の活用
「児童養護施設での社会資源の活用」

砂町友愛園　養護部　新井　優介

≪はじめに≫

　これまで施設での社会資源の活用は、限られた支援団体についてのみ継続して活用していました。施設の立地的な問題や時間の関係で、都市部での参加が困難なこともあり、新規開拓は積極的には行っていませんでした。近年、子どもの抱える問題が複雑化、多様化している中では、子どものニーズに応えるためにもフォーマル、インフォーマル問わず児童養護施設での社会資源の活用は必須となっている風土があります。最近では、出張型の支援や都内全域での活動を行う支援団体が増え、気軽に活用できるようになってきており、またCOが配置されたこともあり、施設での活用もしやすい環境にあります。

≪取り組み≫　～支援団体活用までの過程～

1 情報収集・施設内での共有

①児童部会のCOグループやLC委員会に可能な限り出席し、外部支援団体の情報収集を行います。

②ブロックの集まりに参加し、他施設との交流を深め情報を共有します。

③施設に直接送られてくる支援団体の資料を保管し整理します。

④職員会議上で支援団体の情報を共有します。

⑤ユニットへの直接連絡、情報提供。

2 検　討

①子どもへの情報提供（COもしくは担当職員から）。

②児童自立支援計画書をもとに子どもの目標達成に社会資源を活用するか、子どもと担当職員で話し合います。

③②の話し合いで必要性が認められた場合、職員会議で検討します。

④子どもの意向と必要性がマッチングしていれば実施となります。

3 実　施

①支援団体へ連絡をとります。日程調整、支援内容の確認を行います（COから）。

②職員及び児童と支援団体との面会（基本は施設長、CO、必要に応じて担当職員）。

③支援開始（学習支援、アフターケア、就労支援、資金物資、住居など）。

④ 実践例

①高校生を対象に基礎学力の向上、進学を目的とした学習指導　　　（学習、進学支援）
②中高生を対象にインターン、適性検査、個別セミナーの実施　　　　　（就労支援）
③高校生を対象にNPO法人主催の自立支援プログラムへの参加　　　　（自立支援）
④NPO法人に依頼し、出張型セミナーの開催　　　　　　　　　　　　（自立支援）
⑤退所者への生活用品、食材、防災用品の提供　　　　　　　　　（アフターケア）
⑥大学進学希望者への進路相談　　　　　　　　　　　　　　　　　　（進学支援）
⑦自立援助ホーム見学　　　　　　　　　　　　　　　　　　　　（アフターケア）
⑧自立した退所者へのアパート更新料の助成金　　　　　　　　　（アフターケア）
⑨進学、就労者への奨学金、助成金　　　　　　　　　　　　　（進学、自立支援）

≪考　察≫

　施設での社会資源の活用は、COが中心となり活動しています。COが中心になることで窓口が明確化され、施設内での社会資源を活用する意識がこれまでよりも高まりました。実際、COが配置されて以降、新規の支援団体の活用が増えました。2015年2月27日、COグループ全体会における6ブロック研究報告では、CO配置施設52施設の中で1施設あたりの支援団体（公的機関を除く主要20団体）活用数は、2～5団体が最も多く、多い施設では10団体以上の支援団体を活用していることが分かりました。世間の社会的養護（児童福祉分野）に対する理解が増えたこと、児童養護施設での子どもへのきめ細かな支援が実践されていることが窺えます。これは、子どもの満足感にもつながるといえます。

　特に高校卒業後の進路に関しては、近年児童養護施設においても進学を希望する子どもの割合が増えています。しかし、就学資金の目処が立たず、進学を断念する子どもが多いことも事実です。そういった中で、フォーマル、インフォーマル問わず、学習支援、奨学金や助成金、住居提供などの就学支援は、進学を目指す子どもにとって、とてもありがたいことです。アフターケアに関しても、施設以外にも様々な方の支援を受けていること、支えがあることは子どもにとって安心感につながります。一般家庭との進学率の格差は大きい（2014年3月、厚生労働省の「社会的養護の現状について」によると、全高校卒業者の大学、専修学校進学率が76.9%に対し、児童養護施設は22.6%と格差がある）ことは確かですが、まずは施設内で高校卒業後の進学について積極的に論議していく必要があります。そのためには専門職も積極的に児童のケースに関わるべきだと実感しました。

　今後の課題や展望としては、社会資源の活用が一人歩きしないよう、子どもの意向に合うようにしていかなければなりません。これまで以上に専門的なアプローチの必要性を明確にし、子どものニーズに合った支援団体を有効に活用することが求められます。それを実現するためには、情報収集能力や他機関との連携等、CO自身が知識や専門性を高める必要があります。施設と支援団体が連携していくことで、社会全体で子どもを支援し、子ども自身が社会の一員として生きていることを実感できるようになります。施設の社会化、子どもの社会性の構築、この二つが社会資源の活用の意義だといえます。

（6）社会資源の活用

「ボランティアとの連携」

共生会希望の家　佐藤　孝平

≪はじめに≫

東京都より提示されているCOの業務内容には、「社会資源との連携」「他施設や関係機関との連携」と記載されています。それは、一人ひとりの子どもに対して必要な資源を見極め、社会資源と子ども達とを結びつける業務です。その社会資源の中で、人的資源の一つがボランティアです。ゆえに、ボランティアに関わる業務はCOの業務であると思っています。

当施設ではCOがボランティア担当となり、様々なボランティアを受け入れています。

ボランティアを施設が受け入れることは、子ども達へのより良い支援のためにサポートをしてもらったり、体験の機会を創造したりと、直接的な効果は勿論のこと、施設の社会化につながったり、子どものロールモデルとしての存在になったりと、子ども達と社会との接点を創り出すという間接的な側面もあると思います。

≪取り組み≫

❶ 契約（要綱の確認、誓約書の記入、確認書、契約書にかわるもの）

ボランティアを受け入れる上で大切にしていることの一つが、ボランティア希望者への事前説明です。ひとえにボランティアと言っても様々な方がいます。中には、本来のボランティア活動の主旨とは違う活動を望んでいる方もいます。子ども達の不利益とならないよう、ボランティア活動を始めるまでのやり取りはとても大切なこととして捉えています。説明の中で、ボランティア自身の適性や人柄を十分に見極めること、そして、子どもへの禁止事項を含む要綱を読み合わせると共に、守秘義務等を守ってもらうための誓約書に記入してもらうことは忘れずに行っています。併せて、施設側とボランティア側のニーズが折り合っているか、定期的に見直すことも必要だと感じています。当施設では、ボランティア活動契約期間は基本的に1年間と要綱に定め、振り返りを行っています。

❷ 実習生からボランティア

実習生からボランティアに繋がるケースも多々あります。実習終了時に、ボランティア活動についての意向を確認し、希望と受け入れ側の需要があればマッチングできるよう働きかけています。良い点としては、ボランティア希望者の人柄や適性は実習を通して十分に把握できること、子どもも職員も安心して迎え入れられることなどが挙げられます。

③ 大学サークルとの繋がり

当施設では長期間にわたり、大学のサークルと繋がりを持っています。年度によってサークルメンバーの人数が変動することはありますが、毎年度6〜7名程度のボランティアにお世話になっています。世代が変わっても、施設側が新たなボランティアメンバーにオリエンテーションを行うことや、サークル間で指導方法等を引き継いでくれるので、安心してお任せすることに繋がっています。

ボランティア活動の前後にやり取りをする場面を持つことや、振り返りシートを用いて、子どもの様子や、ボランティア自身の悩みや不安等を共有することに努めています。

④ 地域の生活保護世帯への学習支援団体との繋がり

生活保護世帯への学習支援団体と繋がる機会がありました。その団体は場所を確保することに困難さを抱えていたので、当施設のホールを提供し、生活保護世帯の子ども達も受け入れることになり、そこに施設に入所している子ども達も参加させてもらい、一緒に学習指導をしてもらいました。普段顔を合わせない子ども同士であるため、適度な緊張感もあり、互いに刺激を受け、頑張って取り組むことができました。ボランティアとは少し離れるかもしれませんが、どちらにもメリットのある取り組みとなりました。

⑤ 繋がりからの発展

施設には様々な業者が出入りします。その中の一つにフローリングを修理してくれた木工職人さんがいました。木工職人さんとやり取りをする中で、子ども達向けに木工教室を開催することになりました。多くの子ども達が参加し、椅子作りをしました。初めて使う工具に苦戦しながらも、思い思いの椅子作り、ペイントも施し、世界に一つだけの椅子を作り、とても好評でした。木工職人さんもまさか修理にきた場所で、ボランティアをするとは思っていなかったでしょう。

一人の繋がりから、違う個人や団体に繋がったり、様々な体験に繋がったりと、発展していくことも、ボランティア担当としての面白さの一つです。

≪考　察≫

ここまで紹介したものは一部であり、当施設では様々なボランティアの方に活動いただいています。受け入れることには労力が伴います。しかし、受け入れを丁寧にすれば子ども達の利益にも繋がります。これまで以上に、双方の利益になるようなコーディネート業務を目指していきたいです。

その他、大学生が実習からボランティアを経て入職に至るようなケースや、ボランティアからフレンドホーム（週末等に子どもと交流してもらい、家庭体験を得るための東京都の制度）に繋がったようなケースもあります。長期間双方を理解する時間があるので、入職後やフレンドホーム登録後もスムーズに順応していくケースが多いのが特徴です。

（6）社会資源の活用

「『NPO法人芸術家と子どもたち』のワークショップ」

二葉むさしが丘学園　鈴木　章浩

≪はじめに≫

「公的制度の不備を補うためには、個人、企業、NPO法人等の社会的資源を施設に繋ぎ、補完機能として取り入れ、施設機能を充実させる」という基本姿勢を持って、関係機関とのネットワーク構築及び拡充に努めること。私たちは、この視点が、児童の最善の利益に繋がるものであると考えます。公的な制度に不平不満を言うだけでは何も変わらないことを自覚し、閉鎖的思考を持つのではなく、職員自らが外に出て、発信、受信をしていく時代なのだと思います。

児童の権利に関する条約の31条に「…文化的な生活及び芸術に自由に参加する権利…」また「…文化的及び芸術的な活動…平等な機会の提供…」とあります。子どもたちには、芸術に参加する権利があり、私たちは、その機会を提供する責任があります。

子どもたちにとって、何が必要か？その答えは多岐にわたりますが、自立のための基礎、土台の一つとなる「認められること」「支えられること」を体感する取り組みの事例として、このタイトルに関する報告をします。

≪取り組み≫

「芸術家と子どもたち」とは、多様な価値観・考え方・身体感覚を持つ人々が、互いを尊重しながら共に暮らす社会を創出するため、子どもたちとアーティストとの出会いを通じて、創造的な学び・遊びの機会をつくりだす活動をしている団体です。活動を通して、子どもたちが社会で生きる力を育み、さらに、子どもを取り巻く大人たちに対しても日常や社会を新たな視点で見つめるきっかけを提供したいと考えてくれています。様々な分野のアーティストが施設に訪問し、協力しながらワークショップを実施しています。

取り組みに関して、結果として「こうである」と言えるのであって、最初から「自立支援に繋がる取り組み」であると確信していた訳ではありません。

このワークショップを言語で説明することは、とても困難ではあるのですが、ひと言で伝えるとするならば、「何気ないコミュニケーションの中に『意味』『目的』がたくさん入っている」ということになります。

≪考　察≫

児童養護施設に入所している心に傷を負った子どもたちは、マイナス面だけを挙げると①自己肯定感の低さ　②成功体験、認められる体験の少なさ　③自己表現の抑圧　④「大切にされた感」を持たない　⑤学力が低い　⑥コミュニケーションが苦手　⑦未来思考、

展望が抱けない等がスタンダードです。

　自立の前提となるものの例として、「自分は無条件に愛される存在である」「自分を必要としている他者がいる」「自分の存在には意味がある」「自分は生まれてきて良かった」等の感情を持つことが必要不可欠になります。

　子どもたちへの支援として「認める」という方法でアプローチすることが求められています。しかし、実際に生活の場面では難しいことが多いというのも事実です。

　一方、このワークショップの場では、アーティストという芸術の専門家によるアプローチによって、求められている支援が可能になっているのです。①自己肯定感、自己表現の向上（自由な表現が許される場、自分の表現に対して肯定的な評価が得られる、定期的に用意される自分の空間、言語ではなく表現を介しての他者との関わり方であり、抵抗感が出にくい等）　②ソーシャルスキルの獲得（他者へ譲る、他者の表現に目を向ける、静かに話を聞く、モデルを観て模倣する等）が挙げられます。

　また身体、五感を使って遊ぶ、身体の感覚を中心にした遊びの中で身体を大切にすることを学ぶ機会にもなっています。あるいは、すぐにできること、上手にできることを求められてはおらず、自分で考え、自分で行動する力を養う機会にもなります。アプローチの中には「あなたらしい」というメッセージも盛り込まれており、本当の意味で「受け入れられる」という環境が提供されます。

　今までとは全く違うアプローチであり、児童福祉だけの集団の中に別分野の専門家（この場合は、芸術家）が介入する意義は大きいと実感しています。

　参加した子どもたちにとっては、自信が持てる場となり、自分たちの居場所ともなりました。知らず知らずのうちに、体験しながら、必要なスキルを身に付けています。厳しい実情を持つ子どもたちへ高度な要求をしなければならない私たち職員は、対人援助としてとても重要な「主体性の保障」（①ありのままの相手を「認める」②相手が決断するまで「待つ」③相手の決断を「尊重する」④相手が失敗から学ぶことを「保障する」）を学び直す機会を得ることができました。

　自立支援とは、基本的生活習慣の習得や就学支援、就労支援だけを意味するものではありません。自立を年齢、能力に応じて最大限実現できるよう支援することです。

　児童福祉と芸術とのコラボレーションは、実現します。

（6）社会資源の活用

「共同プログラムの企画・開催」

自立支援コーディネーター　1ブロック

≪はじめに≫

　ブロック会議を通して、各施設の様々な取り組み状況の違いをメンバー間で共有しました。ブロックでの活動もそうですが、一緒に取り組むことは、支援の標準化を目指す取り組みの一つでもあります。そのような趣旨で、子どもが楽しみながらも学びになるようなプログラムになるよう、2014年度末から企画し、2015年度予定通り開催することができました。2016年度もキャンプ場でのプログラムを企画しています。

≪取り組み≫

　参加者は小・中学生とし、高校生の参加については、見送ることになりました。見送った背景としては、性的なリスクに加え、携帯電話を持っている高校生同士がプログラム終了後も施設の垣根を越えて繋がり続けることが、良い面ばかりではないという判断に至ったためです。また、宿泊場所も同性を基本とし、子どもだけにならないよう配慮も行いました。結果的には、大きな事故などなく、些細な喧嘩が多少あった程度で、子どもの満足度は総じて高く、参加した職員や施設に戻って子どもから話を聞いた職員からも高評価でした。COからも、体験活動に対する職場の理解を得やすくなった、施設を超えた繋がりを子どもだけでなく職員同士も感じることができたという意見を聞くことができました。
　以下、詳細等を報告します。

1 目　的

・支援の標準化
・「働く、食べる、生命」を考え、食のありがたさを体験的に学ぶ
・職業選択の一つとしての農業を体験する（農業学校を知る）
・他施設との交流（児童・職員双方）

2 開催日・参加者数・場所・プログラム内容

・第1回：5月17日（日）　日本農業実践学園
　　参加児童数：29名　　　参加職員数：11名
　　田植え・野菜の収穫体験・日本農業実践学園見学・バーベキューなど
・第2回：9月19日（土）－20日（日）　日本農業実践学園、地域の農家宅、果樹園等
　　参加児童数：44名　　　参加職員数：16名

稲刈り・果物の収穫体験（栗・柿）・川遊び・日本農業実践学園見学・バーベキュー・流しそうめん体験など

③ 子どもや職員の感想

・初めて経験することばかりで楽しかった。
・鎌の使い方、刈った稲の束ね方がわかった。
・他の施設の人と遊ぶことができて楽しかった。
・BBQがおいしかった。また行きたい。
・将来農業をやりたい気持ちが強くなった。農業を学べる高校に行きたい気持ちが強くなった。
・選出されなかった児童より…次回は連れて行ってほしい等の声がある。
・参加した子どもの担当職員より…子どもは初めて経験することばかりで楽しく過ごしてきたようだった。口数が少ない児童であるが、様子をたくさん話してくれた。「いろんなことをやってみたい」と前向きなことを言うようになった。今後も機会があれば参加させたい。
・参加した職員より…経験から得られるものがたくさんあることがわかった。参加児童の特性を見ることができた。同じような経験をしている仲間がたくさんいることがわかって良かった。

≪考　察≫

～成果と課題、今後に向けて～

・各施設から多くの参加者があり、たくさんの体験を共有し、体験を通して学ぶことができた。
・施設間交流により、情報共有ができた。施設合同で実施できたことの意義は大きいと思われる。
・経費の問題：今回は支援団体に費用を負担いただいた。共同プログラムを実施するためには費用がかかるので、今後の費用負担や支援団体とのつながりをどのように担保していくのか。
・他施設の同年代の児童が集まることで、それぞれの思いなどを共有すること、他の施設の特徴を知る場を設けることで、視野が広がる可能性がある。しかしながら、安易な施設比較になってしまうような可能性も懸念される。
・児童間交流の在り方：楽しく体験をすることから得られる学びもたくさんあるが、せっかくの機会なので、将来の希望や自立について話をする場があっても良いかもしれない。
・様々な職業があることを知る機会を意図的に創ること、そして体験を通して自分の適性や興味を子ども自らが認識し、自分らしい生き方を考えていくきっかけとすることが大きな目標である。次の一手を工夫していかなければならない。

（7）アフターケア
「退所者支援計画書の取り組み」

若草寮　加藤　雄輔

≪はじめに≫

　児童福祉法において、児童養護施設の役割として、退所したものへの支援が明記されてから10年以上が経ちました。実際に施設を退所してから、本当の意味で社会における自分の立ち位置が明確になっていきます。うまくいくことばかりではなく、困難や壁にぶつかることも多いです。そうした退所者一人ひとりに対して、退所後にどのようなリスクがあるか、どのようなサポートをすることが必要なのかを施設として考え、まとめていく「退所者支援計画書」はとても大事な取り組みの一つであると思っています。しかし、現状ではまだ全ての施設で十分に取り組まれていない状況もあります。ここでは一つの例として、取り組みを紹介します。

≪取り組み≫

　退所者支援計画書は退所者全員に作成します。退所日が迫ってきた児童に対して、担当職員とFSWやCOが面接を行っています。家庭復帰をする児童は主にFSWが、高校卒業後に自立していく児童は主にCOが担当することが多いです。面接では退所後どのような形で施設と関わっていきたいかという意向を児童から聞きとり、退所後に施設としてどのような支援ができるのか、できないことは何か、どういう時に誰に相談するか等を児童と話をしてまとめていきます。

　面接で話した内容を元に、担当職員が退所者支援計画書を作成。職員会議に提出し、その場で質疑応答や確認を行い、承認を得ます。

　毎年３月に退所者支援計画書確認会議を全職員参加で実施しています。会議では退所者支援計画書を作成した主たる担当者からそれぞれの現状を報告し、次年度の計画書の必要性について議論します。評価の基準をA、B、Cの３段階で設定し、評価がBだったケースのみ次年度も計画書を作成します。評価Aは「様子を確認する電話を数か月に一度程度いれる」や「連絡が来た際に対応をするケース」が該当します。評価Bは月１回以上連絡を取り合う必要性がある児童や、保護者との面談や家庭訪問、関係機関との様々な調整や進学に伴う奨学金申請を含む金銭管理を施設が行うケース等が該当します。評価Cは施設からの支援が継続できない状況が固定化されてしまった場合が該当します。

　確認会議で評価がAかCとなれば計画書作成を終えますが、退所後２～３年は継続して計画書を作成することが多いです。また、一度計画書作成を終了した場合でも再度計画書を作成する必要がある状態になった場合は、主たる担当者が計画書を作成し、他の児童と同様に確認会議で検討を行っています。

・フローチャート

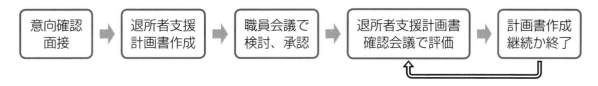

・アフターケアに関する施設内での情報共有
　施設で行っているアフターケアが個人の取り組みにならないよう、職員が行ったアフターケアは、原則として全て報告することとなっており、アフターケアが施設内で共有できるような仕組みを整えています。全職員参加の職員会議（隔週）、代表者が参加する調整会議（毎週）、連絡会（平日午前中）でアフターケアの実施状況について口頭で報告をしています。アフターケアの実施状況は個々の児童毎にアフターケア記録に入力し、全職員が閲覧できるようになっています。
　退所者支援計画書の作成と確認会議だけでは、施設でのアフターケア体制が十分とは言えません。アフターケアに関しても日々の情報共有ができる仕組みがあって、その流れの中の一つとして、退所者支援計画書の作成と確認が位置づけられています。

≪考　察≫

　退所者支援計画書の取り組みや、アフターケアの実施状況を施設全体で共有することは、アフターケアを担当したことがない職員が、施設としてどういった支援を行っているのかを知ることができます。こうして施設として様々なサポートの仕方や関係機関・社会資源との連携などのノウハウを蓄積することができれば、どの職員が担当をすることになっても、ある一定以上の支援を誰にでも提供することが可能になります。そういったノウハウをいつでも使えるようにするためには、アフターケアの進捗状況を把握しているCOの役割は大きく、他職員への情報提供などによるCOの専門性が問われてくる場面は今後も増えていくだろうと感じています。
　また、職員一人ひとりが自分もいずれアフターケアをやっていくことになるのだという意識を向上させることにも繋がっています。そうした中長期的な支援のイメージを持ちながら日々児童と関わっていくことで、職員の視野を広げる効果も期待できます。
　最後に参考として、いくつかの施設で実際に使用している退所者支援計画書のフォーマットを紹介します。

資料6

年　（平成　　年）度アフターケア計画

園長印

ふりがな		生年月日	西暦　　　年 平成　　　年 　　　月　　　日		
氏名					
		措置番号			

入所年月日	西暦　　　年 平成　　　年 　　　月　　　日	入所時年齢 学年	才	児童相談所名	
入所主訴				入所時福祉司	
歴代FSW		歴代 担当保母			
退所年月日	西暦　　　年 平成　　　年 　　　月　　　日	退所時年齢 学校・学年	才	退所年度	H.　　　　年度
退所理由				退所時福祉司	
退所後の 進路		退所後の 住所			
現在の進路		進路の経緯			
現住所					

保証人一覧	家	―	携帯	―	会社	―	その他	―
通帳預かり	無 ✔	有	通帳名	―			期限	―

本人の課題	
本人の状況	
家族の状況	
支援方法	
評価	
来年度の 課題	

バット博士記念ホーム

実践報告

印

作成日：＿＿＿＿＿＿＿＿＿

退所者支援計画（報告）書

支援担当者（　　　　　　　　）

氏名	男・女	生年月日	
児童相談所		児童福祉司	
措置理由		入所年月日	
退所理由	家庭引き取り　　社会的自立 措置変更　（　　　　　　　）	退所年月日 （在籍期間）	
退所後住所			
通学、就労先			
連絡先			
本人（家族） の意向			
支援方針			
経過と現状 及び、 行った支援			
評価			
判定			若草寮

125

アフターケア計画書（平成　年度）

児童氏名		生年月日		アフターケア期間	
	（　歳）	平成　　年　月　日		平成　　年　　月　　日まで	

退園理由（家庭復帰・社会自立・措置変更）及び家族の状況

入園年月日　　　　年　　月　　日	退所後の通学先・就労先
退園年月日　　　　年　　月　　日	住所
（在園期間　　　　年　　　月）	電話番号

自立/家庭復帰チェックリスト	＜今年度の目標＞
	＜本人の意向＞
	＜課題・予想される問題＞ 1 2 3

エコマップ・ジェノグラム

非営利の資源（施設等）　　　　　　　　　　　　　　　　　　　公的資源（児童相談所等）

営利の資源（病院等）　　　　　　　　　　　　　　　　　　　個人資源（近所の人等）

課題	支援機関	支援内容

児童養護施設　東京育成園

月	支援者	対象	課題	計　画	目　的	結果・評価

＜平成　年度の評価＞

計画作成者		作成年月日	平成　　年　　月　　日
評価記入者		評価年月日	平成　　年　　月　　日

児童養護施設　東京育成園

（7）アフターケア
「アフターケア費用規定」

広尾フレンズ　松本　ゆかり

≪はじめに≫

　人と人との繋がりは大切であることは勿論ですが、アフターケアをケア職員個人が負うのではなく、きちんと施設としてアフターケアをしていくべきだと考えていました。

　それまでは、食費、交通費についてはケア職員個人が負うことも少なくなく、必ずしも記録がされているとは限らないので、施設として情報共有がされにくい状況がありました。

　そうした状況に対してどうしたら良いかと考えた際、枠を設けることでケア職員個人への負担が減り、COもアフターケアの状況確認ができるようになるのではと思い、施設へ提案したのが始まりです。

≪取り組み≫

　まず、実際に自己負担額も含め、今までのアフターケアでどの程度の費用が使われていたのか、アフターケアを実施していたケア職員へ確認をしていきました。また、退所時のアフターケア計画も参考にし、どの程度の回数が必要なのかも考慮しながら、あらかたの上限額や、年に何回ペースでの実施になるのかを考えました。

　次に、事前にアフターケアの予定を把握し、実際にアフターケアを実施したのか、記録はされているのかなど、どうすればCOが把握できるのかを考えました。同時に、執行状況も確認できるよう、費用申請用紙を作成し、COが保管することで、申請時にケア職員と予定についての確認や、事前事後での情報共有もできるのではないかと考えました。

　最後はあくまでも施設として繋がるためにどうするかという問題がありました。それまでは、退所者と担当ケア職員個人の携帯電話でやり取りもしていました。そうすると、そのケア職員が退職してしまえば、施設に情報が入らない状態になってしまいます。それを回避するためにも、基本的にケア職員が退所者と個人の携帯電話でやり取りをしないこととしました。上記を文章化し、申請用紙も作成、全体へ周知して、少しずつ浸透してきているところです。

≪考　察≫

　アフターケアの食費、交通費を施設で負担できると周知したことで、少しずつですが、利用してもらい、事前事後でケア職員とCOで情報共有ができるようになりました。記録もきちんと上がるようになり、他の専門職にも把握してもらい、より全体で情報共有ができるようになってきていると感じています。しかし、予算を付けてもその使用方法につい

実践報告

て考えていかなければ、有効なものにはならないと感じています。食費を一回で使い切って、後の事を考えず、どうしたらいいのかケア職員が悩んだこともありました。

予算化することで施設がきちんとアフターケアを担っていく姿勢をとりつつ、退所者と長く繋がっていくために、その予算をどう使用していくか、また、予算を執行しているのだからケア職員が個人で抱え込むのではなく、情報共有するという個々の意識も必要になってくると感じています。

また、当施設では交通費と食費だけの予算となっていますが、実際にはそれでは賄えない部分も出てくると思います。例えば、退所者が来園する際の交通費、冠婚葬祭費用、会社訪問時の菓子折り等です。当施設としては出している部分にばらつきはあり、今後の予算等を考えた時の課題になるのではないかと感じています。

＜参考資料＞　　　　　アフターケア費用についての規定

1．対　象
・原則、卒退園後３年以内の者へのアフターケアにかかる費用とする。
・卒退園後、３年以上経過している者へのケアとしては電話での対応及び、来園での対応とし、それが難しい場合のみ、園長・事務長と相談して費用を園で負担するかを決定する。
・アフターケアにかかる費用について、施設で負担するのは交通費及び食費とする。
・アフターケアにかかる費用を施設負担とする場合、卒退園時の担当あるいはアフターケアを実施する担当職員が退所後のケア計画を作成し、園長確認を行った後に発生するものとする。

2．費用申請及び支給について
・交通費、食費共に原則、３日前には申請し、事務所より必要となる費用を事前に仮払いで受け取り、後日精算。ただし、緊急での対応に関しては後日申請を可とする。また、回数は原則、計画書に沿う回数とする。
・交通費に関しては指定用紙「アフターケア交通費申請及び使用状況」を使用しての申請を行い、年間でかかった費用も分かるようにする。
・食費に関しては卒退園者及び職員分、上限１回一人1,000円として年間で合計5,000円までとする。指定用紙「アフターケア食費申請及び使用状況」を使用しての申請を行い、残高及び年間でかかった費用も分かるようにする。
・指定用紙には申請時に記入、実施後の精算時にも随時、記入をしていくこととする。
・指定用紙についてはファイルを作成し、事務所にて保管を行い、毎月自立支援COが状況確認のため末日にチェックを行い、園長・事務長の決済は年度末に行う。

3．電話費用について
・原則、個人の携帯電話での通話に関しては園では負担をしない。
・個人の携帯電話ではなく、施設固定電話あるいは寮・ホームの固定電話に連絡を入れていくことを卒退園時に確認をし、職員も個人の携帯電話ではなく、固定電話にて連絡を入れていくことを意識する。
・外出先から連絡を入れる場合においては事務所よりテレフォンカードを持ち出し、それにより公衆電話から連絡を入れることとする。

（7）アフターケア

「退所者の交流の場」

自立支援コーディネーターブグループ　2・3ブロック

≪はじめに≫

　東京都が2011年に行った退所者調査において、退所者が退所後困ったこととして一番多く挙がっていたのは「孤立感」「孤独感」です。今まで集団生活であった施設での生活から、退所後、急に一人での生活が始まる退所者にとって「居場所が欲しい」「何かあった時に帰る場所が欲しい」と思う気持ちは非常に強いものだと思われます。出身施設がその機能を果たすべく、多くの施設では退所者が自然と施設（退所者にとっては実家のような存在）に戻ってくることができるように様々な工夫をし体制を整えています。その取り組みの一つとして、退所者達が出身施設に集まることができる取り組みを行っている施設があります。

≪取り組み≫

名　　称	ホームカミング
日　　時	1月2日（お正月の帰省として）、5月5日　12時〜18時
参加メンバー	退園児（措置変更や家庭復帰した子どもは高校卒業年齢まで待つ）とその家族、現役職員
効　　果	・毎年この日程で行っているので、案内を送付したりしなくても集まれる。 ・特別なプログラムはなく、ただ昼食（出前の寿司と手作り料理、手作りデザート）を食べながらおしゃべりして帰るだけなので、気軽に参加している。
課　　題	・退職職員は来ないので、退所後数年の退園児が中心となり、集まるメンバーはだいたい固定してきている。 ・在園児はこの時は別プログラムで外に遊びに行くので、職員が全員参加できるわけではない。

名　　称	大同窓会
日　　時	5月5日　10年に1度（今年初めて実施。）
参加メンバー	退園児（措置変更や家庭復帰した子どもも可。ただし、在園児に被害があった場合は不可）とその家族、在園児、現役職員、退職職員
効　　果	退職した職員も参加するとのことで、広い年代の退園児が集まった。

課　題	・園内で行ったが、退園児、退職職員だけで100名近く集まったので、場所が手狭。 ・案内方法。 ・退園児と在園児の関係性の配慮。

名　称	卒寮生の集い
日　時	成人の日（毎年）
参加メンバー	参加を希望する卒寮生と、結婚して家族を持った卒寮生はその家族も参加可能。
効　果	毎年施設を訪問できる機会があることで、実家に帰るような感覚が得られ、自分の育った施設を実家のように思うことができる。そのことが、精神的な拠り所としての役割を果たしている。
課　題	それぞれの卒寮生が、自身と関わりのある職員が在職していれば参加しやすいが、退職してしまっていると参加しづらいという状況がある。参加・不参加を決める理由が本人の事情ではなく、施設の状況が大きく影響しているということ。

名　称	卒園生交流会
日　時	２月最終日曜日（今年度、土曜日へ変更予定）、夕方から夜
参加メンバー	退所者（昨年は１〜３年、今年度より参加の幅を広げる） 高校３年生（希望制）、職員、退職・異動職員
効　果	・退所者は退職・異動職員も参加していることで話が盛り上がり、参加した新しい職員ともよく話し、その後の来園・相談が増えた児童もいる。 ・退所者より、呼ばれることで来園するきっかけができて相談もしやすくなるといった声があった。 ・２月実施のため、退所者の現状把握ができ、アフターケアの支援内容を具体的に検討でき、アフターケア計画へ反映できる。 ・在園児童より自分が退所した後も来園する機会があることを知り、安心したと話が挙がっている。

名　称	しおかぜ祭り
日　時	文化の日（3年に1回をOB会としている）
参加メンバー	学園全職員、全児童、地域の方、卒園生、その他
効　果	・来園するきっかけとなる。 ・普段なかなか連絡が取れない卒園生と交流ができる。 ・元職員で来る方もいるので卒園児が普段とは違う交流を持てる。当時の話をすることができる。 ・情報を集めやすい。
課　題	・好ましくない繋がりができてしまう。 ・どこまで声をかけるのか悩ましい。

名　称	ホームカミングデイ
日　時	海の日
参加メンバー	職員（可能な限り多く） 退所者・在籍児童
効　果	年に一度施設を開放し皆で食事をする。また、バレーボールと野球に分かれて皆でやる。施設にいた職員と在籍児童の交流で、相談しやすい環境づくりや在籍児童へのロールモデルになることが期待される。またスポーツは入所中によくやっていたことなので、皆懐かしく感じ、より集まりやすい内容になっている。
課　題	参加者の対象年齢

≪考　察≫

❶ みえてきた効果

・退所者が実家に帰るような感覚を持ってもらえる（出身施設が精神的な拠り所）。
・相談しやすい環境づくりができる。
・退所者と在籍児童との交流を作ることにより、退所者が在籍児童へのロールモデルになることが期待される。
・退所者の状況把握ができる機会となる。
・退所者からは「呼ばれることで来園するきっかけができて相談もしやすくなる」という声が出ている。
・年度末に実施すると、退所者の現状把握が一度ででき、アフターケアの支援計画もその際に見直しと次期の計画の検討もできる。
・在園児からは「自分が退所した後もこんなふうに来園するきっかけがあると知り、安心した」という声が出ている。

❷ みえてきた課題

・参加、不参加を決める理由が退所者の事情ではなく、施設の状況が大きく影響している。
　→職員の入れ替わり（異動、退職）が多い業界であるため、退所者にとって知らない職員ばかりの施設になってしまうと帰りづらくなってしまっている。
・退所者と在籍児童との交流ができることにより、好ましくない関係が生じてしまう恐れがある。
・参加者の対象年齢の上限を設定するかどうか（どこまでの退所者に声をかけるか）
・退所者同士、退所者と在籍児童との間で性や暴力などの加害と被害関係が過去に生じていたケースはどのように招くか。

退所者も「我が家」「実家」のような存在である出身施設に帰省したい時もあると思い

ます。退所者が気兼ねなく顔を出せる環境づくりを心掛けている施設は多いですが、一方で「せっかく遊びに来ても、職員の入れ替わりが激しく、知らない職員が増えている、次から遊びにいこうかどうか悩む」「いざ相談事で電話をしても自分の名前すらも知らない職員が電話に出ると、次から電話をしようかためらってしまう」「自分のことを知らない職員が対応してくれた時、たらいまわしにされるんじゃないかという不安がある」などという退所者の声もあり、職員が長く勤めることができるような職場環境づくりもアフターケアと関わってくる部分は大いにあり、児童養護施設職員の離職率の高さが、アフターケアの実践を妨げている実情も分かりました。

（7）アフターケア

「退所者からの声」

自立支援コーディネーターグループ　2・3ブロック

≪はじめに≫

　アフターケアの範囲は決して狭くありません。何か相談事があったときに対応すること、個別に自宅や職場等を訪問することを始めとし、具体的な内容を挙げたらきりがありません。退所者の状況によってそのニーズは大きく異なり、決して一概には対応できません。施設ごとの創意工夫で実践を積み重ねてきています。

　アフターケアもインケアと同様に実践の積み重ねから生まれてくる支援や気づきが大切です。東京都が自立支援強化事業に取り組む前からアフターケアは存在しており、今こそ事業として確立はされたものの、過去の多くの施設職員がアフターケアを実践してきた積み重ねがあります。東京都が先駆的に始めた自立支援強化事業において、アフターケアの更なる支援方法を開拓していく中では、退所者の声から学ぶことは多いです。過去の実践から得られた成果や反省は軽視してはいけないと考えます。

　以下は、直接インタビューができた退所者達の声の一部ではありますが、掲載します。

≪退所者の声≫

卒園後一番大変だった時期・内容
・卒寮をしてからはいつでも大変だが、卒寮後すぐに慣れない遠方で生活をしなければいけなかったこと。周りに頼りにできる人がいない環境は大変だった。 ・今。就職したばかりの時は新人で通ってきたけど、今は仕事量も責任も増えてきてすごく忙しい。 ・引っ越しした最初の1か月。高校3年生の3学期はほとんど授業がなかったのに大学が始まると、慣れない家事、学校、アルバイトの三重苦だった。 ・どれくらいのお金をつかっていいのか、生活費のやりくりの仕方が分からず大変だった。 ・大学3年生の時。とにかく疲れた。バイトを何個も掛け持ちしていた結果、授業についていけなくなった。 ・退所直後。気持ちに余裕が持てなかった。
振り返ってみて「こんな助けが欲しかった」「欲しい」こと
・「自分で何とかしていこう」という気持ちで頑張り、自力でやってこられた。そのような力を施設でつけさせてもらったと思う。 ・施設に連絡をした時に知らない人ばかりでコンタクトが取りづらい。卒寮生の名前を憶えていて欲しい。私たちにとっては実家的な存在なので。 ・退所前に自立の準備を余裕をもってすればよかった。進路を決めるのが遅かったので急いで新生活の準備や退所準備をした。気持ちの整理がつかないまま退所を迎えていた。

- お金の余裕が欲しい。
- 進学して「一般家庭と同じような支援が欲しい」と思った（仕送り、家財道具をそろえてくれること、役所手続きを一緒にやってくれることなど）。

してもらえて嬉しかったこと（施設職員からでも、外部の方からでもOK）

- 長く勤めている職員と個人的に繋がりを持たせてくれていることがとても大きな安心感になっている。
- 礼儀とマナーを教えてもらったこと。教えてもらっている時は職員に対し「うるさいな」「しつこいな」と思っていたけど、今となっては教えてもらったことが全部正しかったと気付いた。
- 訪問してもらって相談できたことが嬉しかった。自分から相談しに行ったり電話をするのは抵抗があった（職員は忙しいし、迷惑をかけてはいけないと思っていた）。
- 新生活の準備を手伝ってもらったこと。
- 進路が決まった時にお祝いをしてもらったこと。

卒園前に教えてほしかったこと

- 施設で生活をしている時に、困った時に相談できる力など、自然に身についていたと感じている。
- 自治体との関わり方（細かいゴミの出し方、市役所との関わり方、手続きの仕方）。
- お手軽料理の作り方。施設の料理は手の込んだ料理が出されるし、調味料も豊富にあった。一人暮らしだとそうはいかない。
- 障がい者年金のこと。

将来の夢や目標

- 今の職場で頑張っていきたい。
- 資格取得。
- 再入学。
- 普通の生活。仕事をして結婚をして家庭をもちたい。

フリートーク

- 一緒に住む苦労、ストレス、生活も異なるので顔を合わせることも少なく、一度溝ができるとその溝は深まっていく（シェアハウスを利用しているケース）。
- 自活訓練をやっておけばよかったかなとも思うが、高校生も忙しく、なかなか実施できなかった。
- COが女性でよかった（女性の退所者の声）。
- お金の心配をしなくていいなら、学生生活、もっと余裕があったと思う。いつもお金の心配をしていた。
- 社会人って、働くって、辛い。本当に嫌なことが多い。でも自分のことを認めてくれる人の存在がいると頑張れる。
- COが配置される前は、相談したいことがあっても、自分のことが分からない職員だったらたらいまわしにされるのではないかと感じ、相談することも諦めていた。今はCOが専属でついてくれていることが安心に繋がっている。CO配置前は一人では無理だとあきらめていたことが、助けてもらえると知って、それなら頑張れるかもという考え方に変わってきている。

≪考　察≫

　今回、上記の内容の掲載をするにあたり、協力してくださったCO達からは今回の調査を通して感じたことがあると話していました。

　まず、CO配置前に退所した退所者の声を集めたCOからは「今のように配置がしっかりしていれば、この子にこんな苦労はかけさせなかったかもしれない」という内容。退所者とCOの性差で対応に苦慮したCOからは「COは男女２名体制の方がよいかもしれない。退所者は男性も女性もいるのだから・・・」という内容。多方面からのご支援を頂いている子どもの対応に苦慮しているCOからは「多方面からの支援があってこそ子どもの退所後の生活が安定するが、その支援を子どもが当たり前のように受け取っている現実がある」というような内容です。

　自立支援はまだまだ発展途中です。実践や経験の中から得られた振り返りは、今後の自立支援事業を発展させていくためにも貴重な意見になっていきます。今まさに、実践や経験を積み重ねている最中です。

　LC委員会の活動目的に「支援の標準化」を掲げています。子どもたちは入所する施設を選ぶことはできません。入所した施設によって受けられる支援に不足や隔たりがあればこれを改めていく必要があるということを私たちは常に意識しています。そのために定例委員会や研修会を通して多様な資源の把握や多くの支援者、団体とのネットワーク形成に努めています。

　今後もLC委員会が目的として掲げている（１）支援の標準化（２）多様な資源の把握と発展促進（３）ネットワークの形成とケアマネジメントを念頭に置き、子どもたちの自立支援、退所者へのアフターケアに携わっていきたいと思います。

実践報告

（7）アフターケア
「多摩ユースサロン（仮称）の設立に向けて」

自立支援コーディネーターグループ　6ブロック

≪はじめに≫

　児童養護施設、里親宅において生活をしていた子ども達は、自立の時期を迎えるとそれまでの生活環境が大きく変化します。自立後、身近に相談できる人がおらず、大きな孤独感や喪失感を感じてしまうものです。またそれまでの成長の中で、社会的経験が不足しているため、日常生活や仕事、人間関係などへの対応が上手くできず、社会への巣立ちに躓いてしまうことも多々あるかと思います。

　一方、送り出す側の施設や里親にとっても、子ども達の措置が解除されてしまうと、その後のサポートは職員個人、里親個人の意思や負担に頼らざるを得なくなっている現状があります。自立後の子どもの所在、行動がつかめなくなってしまうなど、大きな不安を残しての送り出しになることもあるかと思います。

　このような状況に対応するため、自立前後の時期を迎える子ども達に対して相談やサポートができる「多摩ユースサロン」事業を実施することになりました。

≪取り組み≫

① プログラム概要

　2016年度における多摩ユースサロン事業のプログラム概要は
　　①社会的養護出身者の集い事業
　　②社会的養護出身者に対するアフターケアのニーズ調査
　　③先行するアフターケア事業所への訪問調査

以上の3点です。

② 実施経過

・2015年5月
　開催された三多摩児童養護施設長会にて、「多摩地区13児童養護施設が連携して実施する社会的養護出身者に対する自立支援プログラム～（仮称）多摩ユースサロン～」（以下、「多摩ユースサロン」という）の企画案が提案され、プログラムを検討するため、三多摩児童養護施設長会内に「社会的養護出身者の自立支援プログラム検討会」（以下、「検討会」という）を設置するることが承認されました。

・2015年12月
　検討会が開催され、三多摩児童養護施設長会に提案する2016年からの多摩ユース

サロン事業について協議を行いました。

・2016年1月

　三多摩児童養護施設長会にて、検討会より2016年の多摩ユースサロン事業の実施計画を提案し、承認を得ました。また、実施計画の具体化は、三多摩児童養護施設協議会の児童部会における所属ブロックである第6ブロックのCOグループが行うことになりました。

・2016年5月

　ユースサロン実施について特定非営利活動法人エンジェルサポートセンターとの連携の方向性を定めました。ユースサロン実施に向けて特定非営利活動法人エンジェルサポートセンターが卒業生プログラムを実施しました。

　第6ブロックCOグループ会議にて、多摩ユースサロン事業の実施計画の具体化について協議、方針を決定しました。

・2016年7月

　三多摩児童養護施設長会にて、COグループの実施計画の具体化（案）が承認され、併せて日常的な業務を円滑に行うために、特定非営利活動法人エンジェルサポートセンターに業務委託をすることが決定しました。

　第1回社会的養護出身者の集い（多摩ユースサロン）を実施し、併せて社会的養護出身者へのニーズ調査を実施しました。

・2016年8月

　あすなろサポートステーションへの訪問調査を実施しました。

　よこはまPort Forへの訪問調査を実施しました。

・2016年10月

　第2回社会的養護出身者の集い（多摩ユースサロン）を実施。併せて社会的養護出身者へのニーズ調査を実施しました。

・2016年11月

　日向ぼっこへの訪問調査を実施しました。

・2016年12月

　アフターケア相談所「ゆずりは」への訪問調査を実施しました。

　三多摩児童養護施設長会にて、2017年度多摩ユースサロン事業の方針を決定しました。

　2017年度は2016年度の実践を踏まえ、更に拡充した多摩ユースサロン事業を実施することになりました。

・2017年1月

　第3回社会的養護出身者への集い（多摩ユースサロン）を実施し、併せてニーズ調査も実施しました。

❸ 実施報告

（1）第1回

○日　時　2016年7月30日　10：00〜16：00

○会　場　立川市子ども未来センター　201・202会議室

○参加者　退所者：10名（友人1名）
　　　　　CO：6名　施設長：3名　エンジェルサポートセンター：5名
○内　容
　多摩ユースサロンの第1回プログラムとしての試行、およびニーズ調査を行う会としました。各施設から出身者に向け案内を行い、当日は6施設から10名の参加がありました。出身施設の職員を中心に職員やスタッフと懇談をし、お茶をしたり食事をしたりしながら時間を過ごしました。初めて会う者同士でも、お互いの暮らしや仕事などの話をして共感する部分もある様子が見受けられました。
　次回以降のプログラムの希望を聞き、会話の中から現在の状況や困っていることなどのニーズの聞き取りを行いました。参加者からは「懐かしい人と会えてよかった」「自分の話を聞いてもらえたのがよかった」といった感想がありました。

（2）第2回
○日　時　2016年10月30日　10：00～16：00
○会　場　立川市女性総合センター・アイム　料理実習室
○メニュー　ドリア、カレー、サラダ、ナムル、カルパッチョ
○参加者　退所者：1名
　　　　　サポートメンバー　栄養士：3名
　　　　　CO：7名　施設長：2名　エンジェルサポートセンター：5名
○内　容
　当初は料理が苦手な参加者のための簡単な料理や、お金がないときに安く出来る料理、時間がないときに手早くできる料理などを想定していました。しかし、当日の参加者が一名のみで、またその参加者は料理が得意だったため、予定を変更し、作ってみたい料理を作る会としました。参加者、講師役の栄養士、運営スタッフそれぞれが作りたいものを挙げ、料理本やネット検索にてレシピを確認、材料を決めて会場近くのスーパーで買い物をし、手分けしてそれぞれ料理を完成させました。全員で食事をしながら歓談し、楽しい時間を過ごすことができました。

（3）第3回
○日　時　2017年1月15日
○会　場　立川スターレーン／ピザハウストスカーナ
○参加者　退所者：16名
　　　　　CO：9名　施設長：3名　エンジェルサポートセンター：1名
○内　容
　・運動不足解消のスポーツ大会（ボウリング）
　・懇親会（交流、お酒の席での振る舞い方、お酒との付き合い方を学ぶ）

4　参加者ニーズ調査（アンケートコメント集計）
○退所後に困ったこと
　　・さびしさ　　・虫　　・病院どこに行けばいいか　　・料理　　・いろいろな手続き

・金銭管理　　・家事
　　・アパートの保証人になってもらえず、好きな仕事ができなかったこと
　　・集団生活が楽しすぎて一人暮らしがつまらない
　　・国民健康保険についてどこへ行けばいいのか　　　・アパートの保証人についてなど
　　・お金関係　食費、その他いろいろ
　　・会社の人とのコミュニケーション（その他いろいろ）　　　・入院費
〇困ったときの対処方法
　　・学園に電話する　　　・いろいろな方法を試す　　　・友達などに相談して話す
　　・園の職員や子どもたちに会いに行き、話を聞いてもらう　　　・その都度聞きます
　　・グループホームの人に話す　　　・自力
〇アフターケアに期待すること
　　・定期的にメールや電話をくれると、困ったときに相談しやすい
　　・退所後の不安感のケア　　　・困っている退所者の助けになること
　　・社会に出た人たちに定期的に連絡する等一人じゃないと安心感を与えてあげてほしい
　　・退所後の人が孤独にならずにすむかも？
　　・様々な施設の職員や卒園した子どもたちとの繋がりが広げられればいいなと思います
〇多摩ユースサロンに期待すること
　　・簡単に作れるレシピを教えていただけると嬉しいです　　　・交流の場ができる
　　・皆の交流の場になると良い　　　・人が増えること　　　・人数と交流が増えること
　　・みんな楽しく、心身ともゆっくりとくつろげる空間
　　・情報共有や息抜きの場になればいいなと思います
〇どんな人がサロンにいるといいか
　　・施設にいる心理の方　　　・出身施設の職員
　　・多角的な視点と、柔軟の考えを持った人
　　・子ども視点で意見が言えたりする人がいるとOK　　　・いろいろなタイプの人たち
　　・ユーモアのある方や様々な専門知識がある方がいるとよいと思います
　　・とても良い人達　　　・自分のいた施設の職員
〇今日の感想
　　・参加できてとてもよかったです。悩みや相談にたくさんの方々からのアドバイスをい
　　　ただけてこれからも頑張れると思いました
　　・いい経験になりました　　　・和気あいあいと話ができたのは良いこと
　　・いろいろな人の話を聞くことにより、自分の中の価値観が広がった気がする。自分の
　　　ことを話すことによって、自分を見る機会も持てました。楽しかったです
　　・初めての参加で全く知らない子たちとの関わりで不安な気持ちもありましたが、アッ
　　　トホームな雰囲気の中、様々な情報交換や現状などの話ができて、息抜きにもなった
　　　し、学びにもなりました。本当にありがとうございました
　　・楽しかった！！
〇次回プログラムでやってみたいこと（出席者からのアイデア）
　　・3X3（スリー・バイ・スリー：3人制バスケットボール）
　　・サッカー、フットサル　　　・簡単クッキング教室　　　・アイデア料理披露大会
　　・簡単お弁当つくり教室　　　・バーベキュー（川）　　　・夜の飲み会

・健康的な飲酒について　　　・保険等の手続き講習　　　・デートDV講座
・みんなの話を聞く会（自分の話をする会）　　　・セルフケア講習（マッサージ）

❺ アフターケア事業所見学報告

（1）訪問日、場所および参加者数
・2016年8月29日　あすなろサポートステーション　12名
・2016年8月30日　よこはまPortFor　6名
・2016年11月7日　日向ぼっこ　11名
・2016年12月5日　アフターケア相談所ゆずりは　12名

（2）内　容
　各事業所で行われている事業の概要、支援内容についてご説明をいただいたほか、支援事例の紹介なども含めて具体的な取り組みを聞きました。複数の事業所を訪問することによって、それぞれの特徴や役割を比較することができ、ユースサロンの実施形態を検討するにあたっての良い参考となりました。COにとっては、入所児童に対する支援向上のヒントや、アフターケアの連携先があるという心強さを得るなど、大きな学びの機会でもありました。

（3）各事業所での学び
　①あすなろサポートステーション
　　　○参加者　あすなろサポートステーション所長、湘南つばさの家ホーム長
　　　　　　　　あすなろサポーター　3名
　　　○CO　12名　　　○エンジェルサポートセンター　1名
　　　○事業概要・利用状況等の説明、質疑応答より
　　　　・スタッフのほか、18施設より職員が1名ずつ、職業指導員を兼務しながら「あすなろサポーター」として選任されています。
　　　　・利用登録者数は約150（継続支援ケースは50ほど）。
　　　　・寄り添い型、伴走型であることを支援の姿勢としています。
　　　　・単独ではなく、必ず後ろ盾となる公的機関などと連携して支援にあたるようにしているそうです。
　　　　・民間シェルターや弁護士、精神科クリニックほか、多機関とのつながりがあり退所者支援に関わる県の3事業所との連絡会も実施されています。
　　　　・退所後に何で困りそうか入所中に整理しておき、「困ったら来てね」ではなく「ごはんが食べられなくなったら食べに来てね」等具体的に伝える必要があるとのことでした。
　　　　・18歳で支援が終わりではないという感覚をもちながら、「施設の機能を利用した社会的自立」を目指していきたいとの話でした。

　②よこはまPort For
　　　○参加者　Port For　1名

○CO　5名　　　○エンジェルサポートセンター　1名
○事業概要・利用状況等の説明、質疑応答より
・利用登録者数は現在約170名です。
・横浜市から多くの助成金を受けており、市との定例会が月1回実施され、若者支援事業としても週5日は開放してほしいとの依頼があるそうです。
・里親家庭出身者の利用も増えていること、児童相談所から相談を受けるケースもあるとの話がありました。
・トラブル防止のため、居場所スタッフは必ず複数体制がとられています。
・利用者との連絡手段について、基本はメールを使う方針とのこと。
・食事や雑談だけでも気軽に利用できる居場所としての役割が主ではありますが、活動を継続する中で個別相談につなげる頻度も増えてきているそうです。

③日向ぼっこ
○参加者　日向ぼっこ　3名
○CO　10名　　　○エンジェルサポートセンター　1名
○事業概要・利用状況等の説明、質疑応答より
・10～30代が中心だが、50代のケースもあるとのことです。
・相談事業では、年間で3～400件程度を受けており、24時間つながる専用携帯電話もあります。
・支援の姿勢としては、本人がどうしたいのかじっくり聞き、本人を尊重すること、一緒に考えることを大事にしているそうです。
・基金からの貸付も行われており、全額返済ではありますが、利子や返済期限は設けていないとのことです。
・施設訪問も行われています。

④ゆずりは
○参加者　ゆずりは　1名
○CO　11名　　　○エンジェルサポートセンター　1名
○事業概要・利用状況等の説明、質疑応答より
・退所者が社会（地域）で生活できるよう、公的な機関につなげることを基本に支援が行われています。
・支援のメインは「問題解決」であるとのこと。
・週2回のサロン運営や、ゆずりは工房での就労支援なども行われています。
・相談事業については補助がないそうです。そのため民間の各種助成金などで支出を補っている状況です。
・相談者の7割が女性、年齢は16歳～60代と幅広いですが、主に20代後半～30代だそうです。「電池が切れてしまう」状態になる年代、との話でした。
・里親やその出身者、様々な支援関係者、社会的養護を利用しなかった（支援が届かなかった）方からの相談も多くあるとのことです。
・アフターケアの中で保証人の問題が急務であるという話が挙がりました。公的な身元保証人確保事業等には年齢制限等もあり、十分ではありません。

❻ 今後の展望

・2017年は、2016年の実践を踏まえ、社会的養護出身者の集いを発展させ、毎月1回のサロンを実施する。
・多摩地区の固定された１箇所を会場として、サロンを実施する。
・児童養護施設や里親宅、また、自立前後の時期を迎えている対象者へ周知する。
・事務局を設置し、各児童養護施設の所属するCO（他のソーシャルワーカー含む）が毎回持ち回りで、サロン、相談などを担当する。

≪考 察≫

　児童福祉法第41条では「児童養護施設は、保護者のない児童、虐待されている児童、その他環境上養護を要する児童を入所させて、これを養護し、あわせて退所した者に対する相談その他の自立のための援助を行うことを目的とする施設とする」と定められています。
　前述したように、東京都においてはCOが専任として配置されています。同時に自立支援強化事業の開始に伴い、各施設でも退所後の相談・援助に注力する体系整備が成されてきていますが、課題が重篤化した退所者への援助については今後も整備が必要です。訪問をさせていただいた４つの相談機関も上記の法令を基盤に、施設が対応しきれない部分を補ってくれている印象を強く受けました。
　退所児童等アフターケア事業の概要から読み取ると、年間750万円ほどの補助金を受けての実践となっており、国や各自治体が明示する事業内容と照らし合わせると、人件費や事業費の捻出等含め、決して充分なものとは言えない現状があります。以下は主な事業内容です。
　　○退所前の児童に対する支援
　　　・社会常識や生活技能等修得するための支援
　　　・進路等に関する問題の相談支援
　　　・児童同士の交流等を図る活動
　　○退所後の支援
　　　・住居、家庭等生活上の問題の相談支援
　　　・就労と生活の両立に関する問題等の相談支援
　　　・児童が気軽に集まる場の提供、自助グループ活動の育成支援
　各相談機関の取り組みについて共通する点は、相談者に対する「伴走型の課題解決」であるということです。まずは相談者との関係性を構築すること、続いて課題の抽出、長期的な視点での継続的な援助と続いていきます。望まない妊娠・出産、借金、DV、ホームレス、生活保護等退所者が抱える課題は様々です。相談を重ねる中で、課題の深刻度が表面化され、時間を費やしての継続的援助が必要不可欠となります。
　今後も各施設でのアフターケア機能の向上は勿論のこと、退所後相談機関の拡充、連携、実践の可視化、またこのような課題の現状整理と援助体制の発展、ソーシャルアクションを目的とした組織化が必要であると考えます。多摩ユースサロンの設立においても以上の流れと、実践を重ねる中で、親の後ろ盾がない施設出身者たちの拠り所となるように今後も取り組みを続けていきたいと考えています。

（8）その他

「自立支援委員会の設立」

クリスマス・ヴィレッジ　新井　隆徳

≪はじめに≫

　2008年から自立支援指導員になり、夏休み前に職場開拓したところから子ども達に職業体験を行ってもらいました。収穫もたくさんあったのですが、反省点も多く、なかなか担当職員に伝わりにくく、「ドタキャン」や「職員が日程や職業体験のことを知らなかった」という職員同士の情報の共有ができていない、決めたことが現場の職員まで伝わらないという課題が残り、「他人事から自分事へ」をスローガンに、2010年に自立支援委員会の設立を職員会議で提案しました。委員会の設立は承認され、各フロアから自立支援員を選出する形になりました。

≪取り組み≫

　2008年、フロアに所属しながら自立支援指導員としてスタートしました。何をして良いのか分からず、LC委員会に参加しながら、先ず職業体験を行うために、職場開拓から始めました。また、自立を考えていくために、日向ぼっこに依頼し、夏休みに高校生を対象に「自立について」の話をしていただきました。

　2009年からは個別対応職員や心理、FSW、治療指導員等が加わり、専門職集団として自立支援活動を行うこととなり、活動内容も自立キャンプや金銭管理の話等、少しずつ増えていきました。

　2010年になると、≪はじめに≫に記されているように「他人事から自分事へ」をスローガンに各部署から自立支援員を一人ずつ選出してもらい、自立支援委員会を設立しました。この頃から、自立支援活動プログラムのいくつかの柱ができてきました。取り組みとしては、歩け歩け大会や職業体験、自立キャンプ、成人を祝う会、卒園生を送る会などが挙げられます。

　2011年度には東日本大震災があり、被災者のための募金活動を行いました。世界の貧困に目を向けようと、写真家の方に来ていただいてカンボジアの国々の子ども達のことを語っていただきました。日本の子どもより、目が輝いているということを印象深く覚えています。

　このような形で自立支援委員会の形ができてきました。委員会を開催していく中で「自立」とは？「自立の指標」が必要なのでは？等の話が出るようになり、自立について考えるようになってきました。しかし、自立支援委員会での取り組みや活動がフロアやユニットでなかなか反映されなかったり、情報が上手く流れていかなかったりという反省があり、今後の取り組みの課題となっています。

　自立支援委員会を設立しても、委員のメンバーによっての意識や自立についての考え方

など1人1人の差の違いを感じています。自立支援委員会を通して、自立支援委員会のメンバーで良かったと思えるような取り組みをしていけるように続けていきたいと思います。

≪考 察≫

　自立支援COも含め、現在9名で委員会活動を行っています。毎年1月に予算決めを行い、方針を掲げて年間の自立支援活動プログラムを作成し、委員会時に検討し実施しています。2010年に自立支援委員会を設立し、各フロアからの委員が選出されて年間プログラムも充実してきました。委員会も月1回から月2回と増えていきました。毎月隔週木曜日15：00〜17：00に行っています。

　委員会では、①中学3年の進路の進捗状況、②高校3年生の進路の進捗状況、③アフターケアの状況報告を必ず行っています。委員同士が集中できるようにと、LC委員会で学んだホワイトボードミーティングを取りいれて行い、今ではプロジェクターを活用して情報を共有しています。各フロアの子どもの進路の進捗状況の度合いが分かり、職員同士の良い意味での刺激にもなり、他のフロアの報告を聞くことでフロアが課題に直面していた時などは次の展開につながるヒントにもなります。

　2015年度より、「働く」ということをテーマに「人はいつか働かなければならない」と会社見学等を行っています。今年の自立キャンプは、中卒男子（17歳）に来てもらって対談方式で「働く」ということを語っていただきました。あえて高校に行かず、就職した経緯等を語ってもらいました。同じ施設を出身した退所者が語ることは、年齢も近いせいもあって、説得力もあり、子どもたちも真剣に聴いていました。こうした姿を目の当たりにして、この自立キャンプの意義を改めて感じ、今後も続けていこうと思いました。

　自立支援委員会のメンバーが、今後も気軽にそれぞれの抱えている問題を委員会の中で出し合い、話し合える雰囲気にしていければと感じています。このような委員会を通して、やがては人材育成や長く働ける職場づくりにも繋がっていくのではないかと感じています。

（8）その他
「ファシリテーション技法の有効性」
自立支援コーディネーターグループ　2・3ブロック

≪はじめに≫

　児童養護施設では日常的に数多くの会議、話し合いが行われていますが、それらの会議がうまく機能しているかという点では疑問や不満の声が多いのが現状です。

　そこでCOとして、研修等で学んできたファシリテーション技法をどうやって有効活用するかということをヒントに、会議の現状や課題を改めて考え、その上で会議や話し合いが活性化するためにCOにできることは何かという検討を行いました。

　今回の報告では、ファシリテーション技法の詳細については触れていません。ファシリテーション技法の有効性についてまとめています。

≪取り組み≫

① 会議とその目的

　児童養護施設には、施設内で行う職員会議、担当者会議、進路会議、自立支援計画書策定会議、関係機関も交えて行う関係者会議やケース検討などの多くの会議があります。それらを行う目的は、情報共有、職員のエンパワメント、職員の孤立防止、支援方法の統一、関係者との情報共有、意思疎通、合意形成、振り返りや評価など様々なことがあると言えますが、すべてに共通しているのは「子どもにとっての、より良い支援につなげる」ことであると言えます。

② 現状の課題点

　現状の会議の課題点として、「進行管理の問題」「事前準備の問題」「意識の問題など」の大きく3つに分けました。以下が現状の課題として挙がったものになります。
　①進行管理の問題
　　時間がルーズ、発言者が偏っている、発散だけで終了してしまい結論が定まらない、会議で決定されたことが実行されない
　②事前準備の問題
　　議題の管理が不十分、レジュメや資料の準備が不十分
　③意識の問題など
　　主体的に参加していない人がいる、会議中に出入りがある、欠席者への報告が不十分

　また、こうして挙がった課題を、そもそもそれぞれの職員が課題として認識していない

ということが大きな課題であることもわかりました。

❸ COが何を学んできたか？

COは東京都が指定する研修で2013年から2016年まで4回にわたってファシリテーション技法の研修を受けています。講師やテーマは以下の通りです。
- ・2013年
  ちょんせいこ氏　株式会社ひとまち代表取締役（現）
  「元気になる会議」ホワイトボードミーティングの進め方
- ・2014年
  徳田太郎氏　日本ファシリテーション協会
  「ファシリテーションの技法」
- ・2015年
  永久理恵氏　NPO法人ブリッジフォースマイル
  「職場を元気にするファシリテーション・スキル」
- ・2016年
  飯島邦子氏　株式会社ジョイワークス
  「ファシリテーション技法」

研修テーマは同じファシリテーションですが、内容はそれぞれ異なっています。ホワイトボードミーティングを使った会議の実践や、ファシリテーションの技法や考え方を講義とロールプレイを通して学びました。

また、月1回開催されるLC委員会へ参加しています。そこでは他施設の実践を学んだり、社会資源や関係機関の情報を収集したりしています。LC委員会の学習会ではディスカッションの時間も設けられており、学んだファシリテーションの技法を使う機会にもなっています。

❹ 会議を活性化するために

COが受けた研修を踏まえると、課題を改善し、会議を活性化させるためには意識や精神論だけではなく、環境整備と技術が大変重要だということがわかりました。環境整備とは物理的な環境の整備と話し合いの場におけるルールの整備であり、技術はファシリテーションの技術やディスカッションの経験値を上げていくことと考えました。
①物理的な環境の整備の例
　ホワイトボードを準備する、会議を行える場所の確保、テーブルや椅子は必要な分だけ準備する、人数や場所の工夫、レジュメや資料の事前準備の徹底
②話し合いのルールの整備の例
　時間厳守、話し合いのゴール設定の共有、発言の保障、建設的な意見交換を行う、Iメッセージで発言する、批判だけではなく代替案を出す、適切な休憩時間の提供、役割分担

147

≪考　察≫

　　実際に2・3ブロックでは、ホワイトボードを使って会議を行ったところ、「参加者全員が話し合いのゴールを共有しながら進行することができた」という声や、「話し合いの内容が可視化され、議論が進んでも論点がぶれなかった」という声が聞かれています。会議の「可視化」はとても有効であることが再確認されました。

　　また、会議開始時のアイスブレイクや、会議中に隣の人や小グループと話をする時間を数分設けることで、その後の意見交換が活発になったという声が聞かれました。

　　一方で導入を進めるにあたっての課題もあります。COが会議の主役になってしまったという報告や、研修を受けているCOと他の職員との間に参加意欲等、意識面などで差が生まれたという報告もありました。

　　今回COはファシリテーション技法を学んだことで、会議そのものを見直すという新たな視点を得ることができました。会議そのものを見直す作業は、職員の意識改革を促す作業とも言えます。今までやってきたことを変えることには大きなエネルギーが必要です。見直しに消極的な人も出てきます。そのため、実際に研修で学んだものの、その導入に困難を感じているCOは多いです。そうした状況もあって、COだけがファシリテーション技法を学んだだけでは十分ではないという声も多く聞かれ、施設内研修に講師を呼んで全職員で取り組んだという施設もいくつか出てきています。そうした施設では少しずつ職員の意識の変化や、会議の雰囲気の変化が出てきているようです。今回紹介した研修講師の方々は現在もご活躍中でいらっしゃいますので、興味関心を持った方は、問い合わせをしてみてはいかがでしょうか。

　　会議や話し合いは「子どもにとっての、より良い支援につなげる」ために行うものです。会議が活性化することは子どもたちへの支援にそのまま反映されるでしょう。そのために複数の職員の貴重な時間を割いて行っているはずです。今一度、その重要性を再確認し、建設的で効率的、なおかつ健康な会議が多くの施設で行われるようになるために、うちの施設はしっかり会議ができていると思っている方も、うまくいっていないと感じている方も、今一度自施設の会議の現状を見つめ直していただけたらと思います。

今後の展望

　COグループでは、2016年の3月〜4月にかけて、COおよび職業指導員に対しての
アンケート調査を実施しました。COや職業指導員としての施設内での働き方や業務内
容、CO配置の効果についての整理をするとともに、施設によって違いの大きいアフター
ケアへの取り組み内容についても調査し、今後の課題を明らかにしています（詳細につい
ては、資料1「自立支援コーディネーター　アンケートを受けて」を参照）。

　アンケート結果を踏まえ、COグループとして国や東京都、児童部会に対して働きかけ
ていきたいこととして、4点のまとめを行いました。

　　　①自立支援に関わる専門職の複数配置
　　　②COグループの継続
　　　③LC委員会への参加の継続
　　　④アフターケア費の保障

　しかしながら、アンケートを実施した時点から時が経過する中で、COを取り巻く状況
は大きく変化しています。アンケート結果およびこの6年のCO取り組みから見えてきた
ものを改めて整理し、COの今後の取り組みに繋げていきたいと考えます。

❶ 自立支援に関わる専門職の国の制度化と自立支援強化事業の更なる発展

　2011年、「社会的養護の課題と将来像」において、国は自立支援専門相談員配置の方
向性を示しました。COとしては、自立支援強化事業開始当初より、東京都の取り組みが
1つのモデルケースとなり、国の制度化への推進力となるようにと考え、取り組みを進め
てきました。また、COの業務を進める中で、国の自立支援専門相談員が配置された後
も、COや職業指導員を廃止するのではなく、複数で自立支援に関わる業務を行えるよう
な体制を作っていく必要があることを訴えてきました。

　自立支援強化事業を開始して5年が経過し、COを配置しての効果や実績が評価される
中で、東京都においては、2017年よりCOを複数配置することが可能となりました。1
人目のCOの配置要件である、「アフターケア実績　10人以上、60回以上」というものか
ら比べると、2人目のCOの配置要件である、「アフターケア実績　80人以上、480回以
上」というハードルは非常に高いものではありますが、自立支援に関わる専門職の複数配
置への大きな第一歩を踏み出すことができたと言えます。

　今後も国の制度化に向けて働きかけを続けるとともに、国の制度化後も東京都が自立支
援強化事業を廃止することなく、自立支援に関わる専門職の複数配置を行っていただける
よう、取り組みを積み重ねていきたいと考えます。

② 自立支援コーディネーター委員会の確立

「第2章（3）自立支援コーディネーターグループの取り組み」にも記述した通り、2017年度からは、COグループとLC委員会は一本化され、「自立支援コーディネーター委員会」となりました。アンケート結果にも表れている通り、CO業務の推進にあたって、COグループやLC委員会が果たしてきた役割は非常に大きいと言えます。今回の組織改編はCOグループとして要望してきたものとは異なる形にはなりましたが、これまで行ってきた取り組みをCO委員会でも継承していく必要があります。

  ①CO全体会
  ②ブロック活動
  ③COブロック活動 成果報告会
  ④CO以外の施設職員および支援機関等も含めた定期的な学習会

上記、4つを柱にしながら、COのみの活動に限らず、幅の広い活動をCO委員会として行っていきます。

③ アフターケア費の保障

自立支援強化事業の開始とともにサービス推進費のアフターケア加算は廃止されています。アフターケア費に関わる事業費は措置費や補助金の中に含まれているとはされていますが、具体的な単価が明確にされていないことで、施設として規定を定めづらい状況にあり、結果として施設によって取り組みに大きな差が生じています。また、アンケート結果にも表れている通り、実態としてアフターケアを行う職員の自己負担となっている場合も多く、児童養護施設の目的の3つの柱として据えられていながらも、職員の思いと努力に支えられる形となっています。アフターケアの実績を求める一方で、取り組むにあたっての費用が明確化されていない現状は早期に改善していく必要があります。

アフターケア加算の廃止以降、アフターケア費の保障は訴え続けているところではありますが、引き続き更なる各施設のアフターケアへの取り組み実態の調査や具体的な予算根拠の検討を進め、新たなアフターケア費の創設を目指していきます。

④ COの取り組みを全国へ

今回、自立支援強化事業開始から6年間のCOの取り組みおよび各施設の実践を1冊にまとめることができました。東京都の先駆的な取り組みは、国の制度化を見据えて、他県においても関心のあるところだと考えます。この実践報告集を全国の児童養護施設や自立支援施設、関係機関等に広く読んでいただけるよう働きかけるとともに、COの取り組みについて発信する機会を積極的に設けていきたいと考えます。

また、他県の自立支援に関わる専門職の方々との横のつながりの構築を図り、東京都だけに留まらない、「支援の標準化」「ネットワークの形成」「ソーシャルアクション」の構築に努めていきます。

おわりに

　自立支援強化事業の開始に至っては、急に浮上した訳ではなく、先人たちの想いや主張、アクションがあったことを忘れてはいけないと思います。

　事業開始当初、指定の研修を受け、研鑽の場、施設間の情報共有の場を設けていただくものの、グループディスカッションでは、噛みあわないことも多々ありました。質問、疑問といえば、東京都へ四半期毎に提出する文書の入力方法やその内容に関するものばかりでした。「児童の最善の利益」へつながるものではなく、提出するための質問、疑問でした。

　「児童の自立を支援すること」は、児童養護施設の役割であり、「日常から成される全ての支援」が自立支援であることは明文化されています。換言すれば、全職員の日々の行いが自立支援であると言えます。しかし、施設内でも不快な気分になることさえあります。人の言葉の解釈というものは、それぞれであり、「この業務は『自立支援』でしょ」、「『自立』だから、COがやるのが当然でしょ」等の言葉を浴びせられ、納得せぬまま、振られる業務も数知れず存在します。時には、孤立感に襲われることもあり、退所者の課題を緩和させるべくして配置された者が、退所者の課題である孤立感に苛まれるという、笑うに笑えない状態になることもありました。それは、「つながり」とはかけ離れた状態であるとも言えます。

　東京都から提示された4つの文章（P12②（1）自立支援コーディネーターの役割　参照）に対して、「何をしていいのか、皆目見当がつかない」「もっと具体的な業務を示してほしい」という声が多数挙がっていました。しかし、具体的に示すことは、業務の「制約」に通じる可能性もあり、「発展」へ結びつかないことになる恐れがあります。各COが、この4つの文章を「どう噛み砕くか」が一つのカギになり、また4つの文章の「行間を如何に読み解くか」が、一つのカギになります。

　事業の目的の一つに「支援の標準化」が謳われており、COグループ全体、または各ブロック間での情報共有、情報交換、学習が必要不可欠です。あるいは、施設間、施設内での共有も欠かせません。

　「常識は、人の思い込みで成立している」と言われていますが、少しだけ、その「思い込み」から視点を外して考えてみてもよいのではないでしょうか。2011年東京都が実施した退所者等へのアンケート結果は、決して軽視すべきものではありません。この事業の実施に大きな影響を与えたものです。退所直後に困ったこととして、「孤立感、孤独感」が最上位の回答として出ています。この回答をはじめとする回答群は、課題として、私たちの支援に欠如があることを物語っているのではないでしょうか。今までの諸先輩方が行ってきた支援が間違っていたというわけではなく、私たちの支援が間違っていたというわけでもありません。子どもたちと私たちのニーズが合致していない部分があるということであり、何処が欠如しているのかを考える視点を示しているのだと考えます。

　そこで、「自立（自立支援）」のイメージに先行することなく、退所直前あるいは退所後に焦点を充てるだけでいいのか、考える必要があります。提示された4つの文章の行間は、私たちにその点を問うているのではないでしょうか。

前述しましたが「日常から成される全ての支援」が自立支援であると言われています。またコーディネートとは「人と人とをつなげるマネジメント」という意味も含まれています。COは「自立支援のマネジメント」が役割です。「自立支援計画書」「社会資源、関係機関連携」「個別対応」「アフターケア」をベースとして、実践のマネジメントをするということだと考えます。この点を念頭に入れ、実践し、検証することを継続しなければなりません。

　社会に対応するためには、様々なスキルが必要です。社会スキルは、「適応的な小さい行動をつなげてできた一連の行動のこと」とCSP（コモンセンス・ペアレンティング）などで言われています。しかし、その基盤になるものは、自分がどれだけ大切にされ、どれだけ必要とされているかを知ること、自分を信じること、他者を思いやることなどが挙げられます。そして、目標を達成することや問題を乗り越えるには、共に時間や空間を過ごし、悲しみも喜びも共有する他者が不可欠なのではないでしょうか。子どもたちだけでなく、私たち人間が自立をするための基礎、基盤、土台となるものは同じです。

　支援とは、施設内で完結するものではなく、国と施設が、東京都と施設が、施設外（社会資源、関係機関、地域）で、施設間で、施設内で、退所後も、「つながる」ことこそ必須条件になるということが明白になったのではないでしょうか。そして全国展開した際には、この「つながり」が縦横無尽に活躍することになると思います。

　あるCOが自分たちの姿勢として「黒子に徹する」「指示ではなく、支持の姿勢」「『引き出し』を多く持つ」と言います。私たちは関東近郊からの問い合わせ、関西方面からの問い合わせ、北海道からの問い合わせなどを受けるまでになりました。その「黒子」による実践報告です。全国配置に向けて、先陣を切った東京都の取り組みとして、今までの実践報告を載せ、目を通してくださる各関係者の方々と情報を共有したいと願っています。またここには掲載されていない実践が山ほどあることを記しておきたいと思います。

　東京都の事業として6年が経過しましたが、これはあくまで初期段階の報告であり、更に発展を遂げるものであることと信じています。今回の実践報告集刊行まで漕ぎ着けたことに対する思いは、達成感ではなく、義務や責任でもなく、自分たちの今後の展望に向けた意気込みです。

自立支援コーディネーター実践報告集
作成委員一同

自立支援コーディネーター実践報告集　作成委員

新井　隆徳　（クリスマス・ヴィレッジ）　　　＜以下 五十音順＞

加藤　雄輔　（若草寮）

黒川　真咲　（調布学園）

佐々木　玄　（エス・オー・エス こどもの村）

須江　宏行　（生長の家神の国寮）

鈴木　章浩　（二葉むさしが丘学園）

中村　　努　（筑波愛児園）

山口　奈美　（伊豆長岡学園）

≪東京都社会福祉協議会児童部会とは≫
　東京の児童養護施設と自立援助ホーム等により構成。
　児童養護施設と児童自立生活支援事業（自立援助ホーム）の事業を推進するため、会員相互の連携と協力を図り、各種調査、研究活動、研修会などを行っています。

子どもの未来を拓く
自立支援コーディネーター30の実践

2018年3月31日 初版
2020年6月29日 初版第2刷

編　集　東京都社会福祉協議会　児童部会
　　　　自立支援コーディネーター委員会
発行者　東京都社会福祉協議会
　　　　〒162-8953　東京都新宿区神楽河岸1-1
　　　　TEL 03(3268)7185　FAX 03(3268)7433
　　　　http://www.tcsw.tvac.or.jp
印刷・デザイン　（株）美巧社